信息人生
Information and Life

陈宇 著

内容提要

本书详细介绍了信息的定义与作用,分析了信息的物理含义,阐述了信息与人类文明发展的关系。作者将信息作为核心,探讨人类的价值和人生的意义,并根据信息的特点展望了未来社会。

本书既是信息相关知识的科普作品,也包含了作者关于人生哲学的思考。

图书在版编目(CIP)数据

信息人生 / 陈宇著. —上海:同济大学出版社,2020.10
 ISBN 978-7-5608-9452-2

Ⅰ. ①信… Ⅱ. ①陈… Ⅲ. ①信息技术-普及读物 Ⅳ. ①G202-49

中国版本图书馆 CIP 数据核字(2020)第 161468 号

信息人生

陈　宇　著

责任编辑　陆克丽霞　　**责任校对**　徐春莲　　**封面设计**　陈益平

出版发行	同济大学出版社　www.tongjipress.com.cn (地址:上海市四平路 1239 号　邮编:200092 电话:021-65985622)
经　销	全国各地新华书店
排　版	南京文脉图文设计制作有限公司
印　刷	上海安枫印务有限公司
开　本	850 mm×1168 mm　1/32
印　张	4
字　数	108 000
版　次	2020 年 10 月第 1 版　2020 年 10 月第 1 次印刷
书　号	ISBN 978-7-5608-9452-2
定　价	28.00 元

本书若有印装质量问题,请向本社发行部调换　　版权所有　侵权必究

- 信息不是物质，也不是能量。信息是负熵。信息等价于生命。
- 人类文明发展史是创造信息、积累信息、运用信息的过程史。
- 信息是负熵，具有对外做功的能力。不过，信息的本质作用是降低能量损耗，提高能量的使用效率。
- 由于信息既不是物质也不是能量，所以信息能够突破热力学第一定律和第二定律的束缚。信息可以复制。信息对于推动科技和社会发展意义重大。
- 信息与科技相辅相成。信息推动科技发展，科技提升人类管理和使用信息的能力。
- 没有智慧生命，宇宙由纯物质构成；有了智慧生命，宇宙则由物质和信息构成。
- 人类或者其他智慧生命是宇宙的希望，有可能给予宇宙光明的未来。
- 每一代人的使命都是在认真生活的基础上传承基因和信息。
- 信息提高了能量效率，能够保障人类未来生存与发展所需要的食物和能量。
- 人类依靠信息生活，可以摆脱环境制约，真正走向自立。
- 信息社会将是一个和平与安宁的社会。
- 我们无须担心外星文明，我们应该警惕人工智能。
- 智慧生命无比珍贵。
- 相信未来。

序

本书的主旨是用信息的观点阐释人生的意义。

我高中就读于复旦大学附属中学,高中三年的数学老师都是郑跃星先生。当时,郑老师还只是一名青年教师,他上课条理清晰,讲解难点举重若轻、深入浅出,语言风趣幽默,激发了我学习数学的热情。毕业后我因为工作忙碌,很长一段时间没有机会去拜会老师。这几年缘于信息科技的发展,各种通信软件普及,我终于又和郑老师联系上了,他已经成为蜚声沪上的数学特级教师。师生们相见,欢聚一堂,谈笑间,大家讨论到了"人生"这一话题。郑先生非常动情地怀念起他的恩师——复旦附中的曾容先生,他认真地告诉我们,曾先生的"三问"有很强的启迪意义,在他的人生历程中发挥了巨大作用。

说起来,曾老师也教过我。当年,我在复旦附中数学竞赛兴趣小组学习时,他就是我们的任课老师。曾老师上课不拘一格,有时会撇开讲义,向我们讲解社会和人生的道理,天马行空、挥洒自如。其间,他也曾教导我们要"三问",即在学习或工作中,面对一个观点或者概念时,经常问问这三个问题:是什么?为什么?还有什么?只有当我们能够顺利回答这些问题时,我们才算真正了解这个事物。

无独有偶,在复旦大学物理系迎新大会上,当时的系主任贾起民老师在致辞中也教导我们,面对各种现象时,应该多想想为什么。

坦率地说,老师们的讲话在我的记忆中不如郑先生这么刻骨铭心。但是多年后,郑老师关于"三问"的评价引起了我的共鸣。至此我才发现,老师们的教诲一直在潜移默化地影响着我。

教育的本质是什么?或许很多人会回答"传授知识"。不过,当面对以下两个现象时,这个回答也许并不那么理直气壮。

第一个现象:当我们离开学校踏上社会时,除非我们继续在本专业耕耘,否则我们会发现课堂中学到的很多知识,在社会上并没有实际的用途,无论是在工作中,还是在生活中。比如,我现在工作中偶尔会用到的物理知识大概只有欧姆定律,有时需要为仪器配置合适的电压,防止电流过大。许多基础的力学、热学或者光学知识,大概只有在为小孩解释自然现象时才用得着。更别说高深的相对论和量子力学了。我曾经幻想,花前月下和女朋友散步时,面对夜空向她讲解相对论知识以显示自己的博学。幸运的是,我没有真的这么做,而她后来嫁给了我。

第二个现象:我们已经进入了信息社会,科技日新月异,让我们有了更多快速获取信息的途径,当我们需要用到自己不熟悉的知识时,我们有很多办法和工具(如通过互联网搜索)即时获得需要的答案。从某种意义上来说,如今这个时代,知识记忆的重要性降低了。

所以,我认为用分数衡量知识记忆量的应试教育体系有待升级。好的教育应该培养学生的两种能力:学习能力和思考能力。

学习和思考密不可分。孔子说:"学而不思则罔,思而不学则殆。"曾容老师的"三问"就是在教我们学习和思考。

简而言之:怎么学习?要认真思考;怎么思考呢?弄清楚:是什么?为什么?还有什么?

换句话说,在学习、工作或者生活中,当我们遇到任何难题,不要逃避,而要努力用自己的学习和思考能力去克服困难。学习和思考的诀窍就在于"三问"。当我们彻底想清楚这三个问题时,或许会发现困难已迎刃而解了。

感谢我的老师们,培养了我学习和思考的能力。

回顾我的工作经历,曾经涉足外贸、半导体、教育领域;现从事信息科技业,阅历也算丰富多彩了。令我自豪的是,不管在什么工作岗位,我都能很快地熟悉工作内容,做好本职工作,在工作岗位中创造业绩,并得到同事们的认可。在这当中,学习和思考,功不可没。

学习,让我迅速掌握新技能,快速熟悉环境和流程;思考,让我不再人云亦云,在繁华中坚持原则,坚守本分。

我不能说自己已经成功。但是面对困难和挑战,不畏惧、不妥协、积极面对、勇往直前,我做到了。

人类也是如此。从某种角度来说,文明的标志就是信息的积累。学习,为了传承信息;思考,产生了新信息。人类的发展和进步,就是依靠学习和思考,传承、发扬、积累信息,并由此创造了璀璨的文明。

曾容老师是我国著名数学家苏步青先生的学生。我不知道曾容先生的"三问"是否传承于苏步青先生。当年,曾容先生把"三问"方法交给了郑跃星老师;郑跃星老师在课堂中又把这个方法春风化雨般地传授给了我们。今天,我把这个方法写进本书里,也许会给后代们一些启发。这个例子可以视为人类文明传承的一朵小浪花。人类文明的发展就是这样,由涓涓细流,汇聚成河,奔流到海。

这本书歌颂了人类。随着科技的发展,人类终将克服自身的局限,让智慧绽放出更加绚丽的光芒。我对未来充满信心。

陈 宇
2020 年 5 月 5 日

目录

序

第1章 什么是信息 ································· 001
1.1 从字义看信息 ································· 007
1.2 给信息定性 ··································· 017
1.3 三类信息和宇宙的构成 ························· 036
1.4 定量信息 ····································· 044
1.5 信息技术的发展 ······························· 048
1.6 信息与人类历史 ······························· 063
1.7 人类文明的传承 ······························· 067

第2章 信息与人生 ································· 070
2.1 人类存在的意义 ······························· 070
2.2 伟大的人类 ··································· 078
2.3 人生责任 ····································· 084

第3章 信息与未来 ································· 092
3.1 信息可以保障我们的生存与发展 ················· 092
3.2 和平的未来 ··································· 100
3.3 安宁的未来 ··································· 105
3.4 谈谈对于外星文明的恐惧 ······················· 110
3.5 谈谈人工智能 ································· 112

后记 ·· 116

第 1 章　什么是信息

根据遗传学家的研究,大概在 500 万年前,人类与黑猩猩及大猩猩等大猿(great apes)分道扬镳。估计在 15 万年前我们的祖先——智人离开了非洲,他们战胜了很多动物和其他直立人。12 000 年前,人类分布到了地球上除了南极洲之外的各大洲。那个时候,人类虽然分布很广,但是世界人口总数并不多。从现有的数据和其他证据分析,起因可能是因为印尼苏门答腊岛北部的多峇湖大型火山爆发,造成了地球生态灾害,人类在大约公元前 7 万年遭遇了种群瓶颈。从那时起,世界人口总数长期停滞在 100 万左右。分布在地球各处的人都通过狩猎、采集为生,而这种生存方式使得人口没有条件快速增长。这种状况一直持续到约公元前 11 000 年、人类开始农业生产为止。在此之前,世界人口从未超过 1 500 万人。

大约距今 10 000 年,人类步入农业社会,世界人口开始缓慢增长。不过由于经常发生战争和瘟疫,大量人口流失,世界人口总数时有起伏。

18 世纪中叶,随着科技的发展,人类步入工业社会。农业革命与工业革命使人们的生活水平不断提高,死亡率下降,婴儿存活率大幅上升,人均寿命也有所延长。世界人口数量开始突飞猛进。

我们把世界人口总数等于 10 亿的倍数视作世界人口发展的里程碑,表 1-1 列举了世界人口总数达到各个里程碑的时间。

表 1-1　世界人口总数达到各个里程碑的时间

世界人口总数	实现年份	距离上一个里程碑
10 亿	约 1804 年	
20 亿	1927 年	123 年
30 亿	1960 年	33 年
40 亿	1974 年	14 年
50 亿	1987 年	13 年
60 亿	1999 年	12 年
70 亿	2011 年 10 月	12 年

由此可见，五百万年来，世界人口增长并不是直线性的。世界人口在长期缓慢增长后，于近三百年，数量突然急剧上升，如图 1-1 所示。

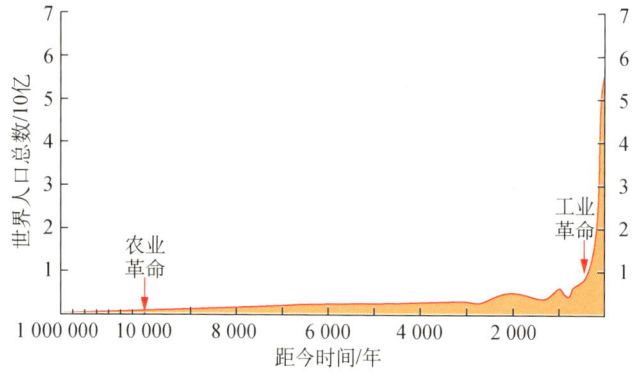

图 1-1　世界人口增长曲线

人类社会的发展也是如此。我们再回顾整个 20 世纪的历史进程，可以清楚地感受到这 100 年来人类社会发展的惊人速度：20 世纪初，随着产业技术的发展，人类社会进入了工业时代的成熟期；从 20 世纪下半叶起，随着以计算机和网络为代表的信息技术的不断发展，人类社会又迈入了一个崭新的信息时代。

为了形象地说明 20 世纪人类发展的速度,我们比较下面两张图。

北宋宫廷画家张择端(1085—1145)的《清明上河图》(图1-2)反映了北宋时期都城东京的市民生活状况和汴河两边店铺林立、市民熙来攘往的热闹场面。

图 1-2　北宋张择端《清明上河图》

乾隆元年(1736 年),由清宫画院的五位画家陈枚、孙祜、金昆、戴洪、程志道合作画了另外一幅清院本《清明上河图》(图 1-3),按照张择端原画的布局描绘了乾隆年间的太平盛世景象。

图 1-3　清院本《清明上河图》

这两幅画相隔六百多年,比较两幅画中的内容,画中人物服饰、建筑风格、市井风貌、工具器具等的变化都不太大。

可以想象,若一个北宋时代的居民穿越到清朝乾隆年间,他应该不会感到陌生和茫然失措。这说明六百年间,至少在社会生活领域,人类的发展是缓慢的。

但是,我们拿20世纪初和20世纪末同一个城市的照片进行比较,会惊讶于世界的变化。在20世纪,人类发明的新事物实在太丰富了,无线电、传真机、飞机、不锈钢、手表、空调、信用卡、电视机、计算机、互联网等,让人们的衣食住行、生活习惯都发生了天翻地覆的改变。若一个20世纪初的人穿越到20世纪末,我想他一定会目瞪口呆。

图1-4和图1-5是改革开放前后,上海浦东陆家嘴中心绿地附近的照片,仅仅过了20多年,陆家嘴地区就旧貌换新颜了。

为什么人类社会的发展速度会产生剧烈变化?决定人类社会发展速度的要素是什么?

图1-4 改革开放前上海浦东陆家嘴中心旧貌

图 1-5 改革开放后上海浦东陆家嘴中心绿地附近照片

从表面看是因为科技的发展。

在人类进入农业社会之前,人们靠采集和狩猎生活,实际上是依靠大自然的产出生存。然而,大自然的生产效率是不高的,自然产出并不能满足人口增长的需求,因此,人类不得不向各地迁徙、扩张。由于当时医学不发达,人类的平均寿命比较低。这些都限制了人口增长。

之后,科技发展了。人类发明了工具用于农业生产,也掌握了种植的方法,逐步迈入了农业社会。相对于采集和狩猎时代,农业生产效率大大提高,能够满足更多人类生存的需求。不过,农业生产依赖环境,受制于土地资源和气候因素,当某个地区稳定发展一段时期后,当地农业生产的产出越来越不能满足日益增长的人口需求,就可能诱发战争或者内乱。同样,由于医学不发达,随着人口增加、人流密集,集聚地成为瘟疫产生和流传的温床,人类对于瘟疫的肆虐也是束手无策。在农业社会时代,战争和瘟疫导致世界人口数量时有下降,总人数无法快速增长。

18世纪中叶,科技进一步发展,人类进入了工业时代。科技的发展和应用,提高了人类的生产效率,让人类在有限的环境条件下生产出了更多的食物和产品，从而让更多的人有机会生存。由于农业生产效率提升，大量人口摆脱了土地的束缚，投身于其他行业，促进了各学科、各行业的发展，其中医学水平也大踏步地前进，帮助人类战胜了很多顽疾，使人类平均寿命得以增长。世界人口总数得以快速提高。

总之，世界人口随着科技的发展在增速。科技迅猛发展，人类的发展也在增速。

那么，科技发展加速的原因是什么呢？

著名科学家牛顿（Isaac Newton）曾经说过："如果说我比别人看得更远些，那是因为我站在了巨人的肩上。"

虽然也有人写文章讨论过牛顿所说的巨人应该包括谁，但是很显然，大家更认可牛顿所说的巨人只是一个比喻——这个巨人不是具体的某一个伟人，而是几千年人类科学思想的积累。这种积累，本质上就是信息的积累。

科技发展增速的真正原因是信息积累在增速。

古时候，人类观察和记录自然信息的手段不多，信息的流传效率不高、积累的速度不快。

但是，经过几百万年的积累，人类掌握了农业生产知识，发明了适合农业生产的各种工具，同时也创造了信息采集工具（如各种计量设备等）、信息保存工具（如纸笔等书写工具）。这使得人类获取信息的效率提高了，保存和传递信息的效率也提高了。

信息积累到一定阶段，人类运用信息、分析信息，从而掌握新的知识，并发明新的生产工具，也推动了工业和科技的进一步发展。

所以，人类发展加速的原因是科技发展加速，而科技发展加速的根本原因在于信息积累的加速，以及信息使用效率的加速。更深入讨论发现，信息积累和信息使用效率提升的原因在于科技的进步。

世界人口的增多，本身会促进信息收集、分析、应用能力的提高。信息积累推动科技进步,同时,科技进步反过来又推动信息管理工具的发展。随着人类收集信息的工具增多,人类保存和传递信息的方式和工具也增多了,检索和分析信息的能力也加强了。

我用太极图描绘信息与科技的关系(图1-6)。信息日积月累终于引爆了科技的发展,而科技的发展推动了信息的采集、积累和应用。科技和信息就像太极图的两极,相辅相成,互相促进,形成了人类社会发展的推动力,共同推动人类文明的进步。

图1-6 信息与科技的太极图描绘

由于信息在人类发展的历史进程中发挥着如此重要的作用,因此我们有必要认真分析一下,信息究竟是什么?

1.1 从字义看信息

东西方文化对于"信息是什么"这个问题会有不同的理解。东西方文化的差别首先体现在文字上。我们中国人一直使用象形文字,中国人是目前世界上使用象形文字的最大群体。象形文字和西方使用的拼音文字有很大的差别。象形文字是用图画(形)表达文字的意义,拼音文字是用读音表达文字的意义。拼音文字由有限的字母组成,不同字母按照一定顺序排列就组成了一个文字,我们可以通过拼读字母的方式向第三方描述这个文字的写法。

形式上,象形文字是符号化的图画。组成拼音文字的字母都排列在一条直线上,组成象形文字的各个部件则堆成一个方形,俗称"方块字"。我们可以形象地比喻拼音文字相当于条形码,象形文字就像二维码。象形文字当然不能拼读,如果我们向别人描述某个象形文字的写法,相对于拼音文字,就困难得多。

拼音文字的优点由此体现，可以很方便地编码（即将文字转化成数字）。

如果从文字的作用上分析，拼音文字主要表现文字的读音；象形文字不仅表现文字的读音，还表达文字的意义。象形文字的作用巨大，特别表现在象形文字对于保证不同地区的长期有效沟通是很有利的。因为语音很容易发生变化，特别在古代，那时全国没有统一的广播系统，不同地区由于受到地理阻隔，讲话的口音很快发生变化。若采用拼音文字，文字的拼写也会随着口音的变化而变化，就有可能导致不同地区的文字渐渐不再相同。

比如"风"字，在北京读作 feng，在上海读作 fong。如果我国古代是采用拼音文字，不管原来的"风"字怎么拼写，根据语音，一个北京人新创文字，用 feng 表示风，写信给另外一个北京人；对方读信时，根据 feng 的读音就会明白写信人表示的是风，不会产生歧义。这样这个新字 feng 就很容易在北京地域立足。渐渐地，北京人之间写信就可能用 feng 表示风。同理，上海人之间写信则会用 fong 表示风。本地人之间，因为字的读音相同，读信时不会产生误解，自然不影响沟通。但上海人与北京人之间的通信，如果北京人写的是 feng，上海人就有可能不理解，不知道对方想表达什么。

也就是说，若采用拼音文字，根据读音新创字很容易被同地域的其他人所理解，文字就有比较大的概率随读音的变化而改变写法。渐渐地，上海话和北京话的语音和文字都会有比较大的区别。由于语音和文字都发生了变化，上海人和北京人用不同的文字写作，上海和北京两地文化的差异会越来越大，上海人与北京人之间的沟通会越来越困难。

但是，象形文字不易改变，由于古代上海人和北京人都采用象形文字，不管"风"的读音怎么改变，上海人和北京人写出来的文字总是相同的。某一个人新创文字，写信给本地人，本地人因为不知道这个字的读音,很可能不理解这个字的意义。也就是新创文字不会很容易就被本地区其他人理解和接受,所以象形文字的创新速度比拼音文字慢。由于文字能够长久保持稳定,虽然说话语音已经不同,上海人和北京人之间通信还是采用原来的文字,就不会有任何障碍。即使相隔万水千山,两地人语音已经不通,但仍然写着相同的字,仍然能够阅读对方写的文章,大家的文化是相通的。可见,象形文字能够保证文字的稳定,从而保障地区之间的沟通顺畅,这对中华民族长久保持统一具有重要意义。

相对来说,欧洲的陆地面积和我国差不多大,欧洲却是世界上语言种类最丰富的地区,各国官方语言有几十种,包括:英语、法语、德语、意大利语、西班牙语等。由于欧洲大多数语言都是以拉丁字母和西里尔字母为基础构成的,所以我们推断这些语言在古代是同源的,有共同的祖先。现在我们将欧洲的语言归类于印欧语系。虽然现代欧洲各国语言产生都有各自历史和文化的原因,但是很显然,采用拼音文字的印欧语系,对于保证文字的稳定性乏善可陈,也不利于在欧洲形成统一的国度。

同样,由于象形文字创造不易,从发明至今变化不大,所以每一个文字都保留着古代——文字发明之时的内涵。这既能帮助我们了解创造这个文字时的初衷,也能帮助我们透过文字更好地理解传统文化。而拼音文字的字形反映着读音,字形会随着读音的改变而变化。由于字形一直在改变,我们已经很难根据字形推测文字发明初期这个词的内涵。现在只能通过构词法对文字的含义进行猜想。

1. 英语的信息

今天,如果我们将"信息"这个词翻译成西方文字,无论是英文、法文、德文、西班牙文,得到的结果都是"information"。不过有趣的是,最早的时候英语是用"intelligence"表示信息。现在我们一般将"intelligence"翻译成智力。这可以用两位信息科学大师之间的通信作为证明。

1939年2月16日,信息科学大师香农(Clande E. Shannon)写了一封信给麻省理工学院的万内瓦尔(Vannevar Bush),信中写道:"Off and on [I had] been working on an analysis of some of the fundamental properties of general systems for the transmission of intelligence, including telephony, radio, television, telegraphy, etc."

这段话翻译成中文就是:

"时断时续地,(我)一直在研究传递 intelligence 的一般系统的某些基本属性。包括电话、广播、电视、电报等。"

信中的"intelligence"是能够被电话、广播、电视和电报所传递的东西。很显然,这个"intelligence"只能解释为信息。

那么到底应该用"intelligence"还是"information"来表示信息呢?我们还是从字源上进行分析。

每个英语单词构成有其规律,英语单词构词法的核心部分在于词根,词的意义主要是由组成单词的词根体现出来的。词根可以单独构成词,也可以彼此组合成词,通过前缀、后缀来改变单词的词性和意义,词根和词缀也叫构词语素。也就是说,单词一般由三部分组成:词根、前缀和后缀。词根决定单词的意思,前缀改变单词的词义,后缀决定单词的词性。

从字源上分析,英语单词 intelligence 来自拉丁语 intelligere,由 inter(在其中)和 legere(选择)构成,字面意思就是"从中选择"。也就是对古代西方人而言,intelligence 就是通过对事物的辨识、区分从而做出正确选择的能力。

由此可见,intelligence 的基本含义就是能帮助人辨识事物、做出明智选择和决策的东西。

无疑,信息就是人们选择、决策的主要依据。如果我们对所选择事物的信息了解得更彻底,我们就更有可能做出正确的选择。所以,intelligence 表示信息有一定的合理性。现在,我们在英汉字典中仍然可以查到,intelligence 有"情报"这个释义。

但是,即使人们掌握了相同的信息,不同的人可能根据自己的经验、学识甚至爱好做出不同的选择和决策。在掌握相同信息的前提下,有的人做出了正确的决定,取得了成功;有的人,做出了错误的抉择,导致了失败。人们发现,在一个班级中上课,接受同一个老师的教导,有的学生能够考出好成绩,有的学生成绩却不理想。

这些都证明了信息并不是人们辨识事物、做出明智选择和决策的决定性力量。信息可能只是我们选择和决策的基础,在掌握信息的基础上,为了做出正确的选择和决策,我们还需要具备分析信息并做出正确判断的能力。现在,我们把这种能力称为智力。

既然 intelligence 指的是能帮助人辨识事物、做出明智选择和决策的东西,那么从这个意义上来说,intelligence 解释为智力,显然更加合理。也许正因为如此,随着时间的推移,在英语中,人们渐渐用"information"代替"intelligence"来表示信息。

在"information"这个英语单词中,form 是词根,表示"类型、模式"。in 是"进入",加上 form,就是使进入"类型"或者是进入某种"模式"。告诉别人某件事,并让他进入某种类型或者模式,是我们常说的"通知"。所以,inform 可以翻译为通知。-ation 这个后缀其实是后缀-ion 的变形,让 inform 成为名词,可以解释为"通知的内容"。

综合来说,根据英语构词法,信息(information)就是"让别人知道的内容"。所以,information 表示信息是合理的,这里的信息可以解释为"消息"。《朗文当代高级英语辞典》中是这么解释 information 的:(something which gives) knowledge in the form of facts, news, etc. 翻译成中文就是:信息以事实、新闻等形式传递知识。

虽然,信息这个含义被 information 替代了,但是 intelligence

这个词依然在信息时代大放光芒。毕竟，无论信息还是数据，都需要经过分析和处理后成为 intelligence，才能帮助人们做出明智的选择和决策。

我们现在常说的 AI、BI 中的 I 都是指 intelligence。

AI 是人工智能（Artificial Intelligence）的英文缩写。它是研究、开发用于模拟、延伸和扩展人的智能的理论、方法、技术及应用系统的一门新的技术科学。BI 是商业智能（Business Intelligence）的缩写。

在 AI 和 BI 两个词中，intelligence 的基本含义得到了很好的体现。AI 和 BI 的流程都是通过对现状和数据的分析处理，获取某种 intelligence，这种 intelligence 既可以理解为"信息"和"情报"，也可以理解为"智能"或"智慧"。

由此可见，对于拼音文字，如果我们熟悉每个单词的字源，我们也可以猜测它们的含义，但是和我们将要讨论的象形文字相比，直观性差太多。

2. 中文的字义

在中文里，"信"和"息"这两个字很早就产生了，在东汉文字学家许慎（约 58—147）编纂的我国第一部按部首编排的字典《说文解字》中就有收录。从那时起，"信"和"息"的字形就一直稳定地保存到了当代。

"信"是一个会意字。所谓会意是一种造字方法，用两个及以上的独体汉字，根据各自的含义组合成的一个新汉字。这个新汉字的意义和组成这个字的独体汉字意义相关。"信"是由"人"和"言"组成的，它的含义与"人言"有关。"人言"即"人说的话"，又隐含了两个含义：

第一个含义是突出强调说话的主体是"人"。人不同于禽兽，这句话既然是"人"说的而不是"禽兽"说的，那么说话之人就必须对自己说过的话负责，必须言而有信，说到做到。在这层含义里，"信"就是"诚"，我们现在常说的"信用""诚信"里的"信"就是这个意思。

第二个含义重点在于"人言"的内容,即人说了什么。我们写信的"信"就是这个意思。"信息"的"信"也是这个意思。

"息"也是一个会意字。"自"是"鼻子",古人大概以为呼吸是由心脏负责的,所以用"自心"组成"息"字表示呼吸。喘和息是相对的,喘是比较急的呼吸,而息是舒缓的呼吸。因此,工作累了,我们就要"休息"。

古人意识到呼吸是生命的特征,所以从"息"引申出"生长"的意思。

《山海经·海内经》记载:"洪水滔天,鲧窃帝之息壤以堙洪水,不待帝命。帝令祝融杀鲧于羽郊。鲧复生禹,帝乃命禹卒布土以定九州。"

大禹的父亲"鲧"偷了天帝的"息壤"来阻挡洪水,息壤就是生长的土壤,是传说中一种能自己生长、永不耗减的土壤。鲧用可生长的土壤来阻挡洪水。这里的"息"就是生长的意思。

因此,顾名思义信息等于"人言的生长",即人说的话在传播,"信息"就是正在传播着的人的言论和观点,比如"消息"。

五代南唐诗人李中(约 920—974)的《碧云集》中有一首诗《暮春怀故人》,诗中写道:"池馆寂寥三月尽,落花重叠盖莓苔。惜春眷恋不忍扫,感物心情无计开。梦断美人沈信息,目穿长路倚楼台。琅玕绣段安可得,流水浮云共不回。"诗中的"信息"显然指的就是消息。

所以,中文和英语殊途同归,information 用中文或者英语的构词法分析,它的意思都是消息。当然,中文更能一目了然地显现出词的含义。

目前,在我国台湾地区,大家习惯将 information 翻译为"资讯"。

"资"是个形声字,形声字是在象形字、指事字、会意字的基础上形成的,是由两个文或字复合成体,由表示意义范畴的意符

(形旁)和表示声音类别的声符(声旁)组合而成。在这个字中,"贝"是意符,表示"资"的意义;次是声符,表示"资"的读音。

古人曾以贝壳为货币,所以"贝"表示金钱。"资"的本意就是财物、钱财。

"讯"也是形声字,"从言卂声"。《说文解字》指出"讯"就是"问"。段玉裁在《说文解字注》中标注"讯"就是"言"。由此可见,"讯"和"信"的意义是相通的。因为"讯"和"问"的关系更紧密一些,所以可以将"讯"理解为答案。通俗地说,"资讯"就是值钱的回答。

中国台湾地区关于"资讯"的内涵比大陆的"信息"要窄,更看重信息产生的直接经济利益。有时,信息的确能带来直接的经济利益,但是更多的时候,信息未必直接与金钱挂钩,所以大陆地区的"信息"比中国台湾地区的"资讯"在意义上表达更准确。

3. 东方思维的解释

对现代人来说,用消息来解释信息可能会觉得滑稽,即用一个词替代另一个词,好像什么都没有解释,但是在中国古代这是一种解释词语的标准方法,人们称之为训诂。

现代人为了更细致地解释信息,会进一步试图回答"消息是什么"。曾经有个非常流行的关于信息的定义:信息是"事先不知道的报道"。这个定义强调了信息的新颖性,即"事先不知道"。但我认为这个定义太狭隘了,是不准确的。

有个成语叫"三人成虎"。

《战国策·魏策二》:"庞葱与太子质于邯郸,谓魏王曰:'今一人言市有虎,王信之乎?'王曰:'否。''二人言市有虎,王信之乎?'王曰:'寡人疑之矣。''三人言市有虎,王信之乎?'王曰:'寡人信之矣。'庞葱曰:'夫市之无虎明矣,然而三人言而成虎。今邯郸去大梁也远于市,而议臣者过于三人矣。愿王察之矣。'王曰：'寡人自为知。'于是辞行，而谗言先至。后太子罢质，果不得见。"

这个故事围绕着"大街上有老虎"这个信息展开的。第一个人对魏王说大街上有老虎，魏王是不相信的。第二个人跑来说，魏王就有点将信将疑了。第三个人再来说，魏王就相信了"大街上有老虎"这个信息。

但是，如果我们将信息定义为"事先不知道的报道"，那么只有第一个人说的"大街上有老虎"才能被算成信息，但是第一个人这么说的时候魏王是不相信的。第二个人、第三个人说"大街上有老虎"，对于魏王来说，并非事先不知道的，因为第一个人已经说过了，所以这时候如果按照"事先不知道的报道"这个定义，"大街上有老虎"对魏王而言已经不是信息了，可是第三个人说过后，魏王却相信了。

这个故事有趣的地方在于：当某个传言是信息时，魏王并不相信。而这个传言不是信息时，魏王却相信了。如果坚持信息只是"事先不知道的报道"，那我们就必须承认魏王最终相信的"大街上有老虎"并不是信息，那它是什么呢？难道我们还必须为"事先知道的报道"创造一个新名词吗？

我们只能说上述有关"信息"的定义是不恰当的。

今天，按照东方思维，我们要给"信息"下一个完整的定义，主要考虑三方面内容：①信息的内容；②信息的形式；③信息的作用。

下面这个定义从东方思维的角度，就堪称完整了。信息指的是用口头、书面或电子的方式传输（传达、传递）的知识、新闻和情报。声音、文字、数字和图像等都是信息表达的方式。

上述这个定义说明了信息的作用是传递知识、新闻和情报；信息传输的方式包括口头、书面和电子；信息的形式包括声音、文字、数字和图像等。

这个定义看起来很严密，相比《朗文当代高级英语辞典》中的解释要具体得多。以东方思维来看，我们已经完美地解释了"信息"这个事物，但是西方思维却不认同。东西方在研究事物属性时，有不同的思维模式。

这里，我们需要思考一个问题：当我们在讨论"信息是什么"的时候，究竟在讨论些什么？

对此问题，东西方的视角不相同。

以我国文化为代表的东方思维立足于使用。定义"信息是什么"就会从实用的角度，分析信息长什么样？信息有什么用？信息该怎么用？而西方思维，从古希腊开始，就走向了形而上学。在我国的哲学语境中，形而上学是一个贬义词，意思是指研究科学以外的、没有形体、不可证明的事物，是脱离实践的，用"孤立、静止、片面的观点"观察事物的思维方式。

实际上，"形"可以视作现象，"形而上"解释为透过现象。"形而上学"就是透过现象去了解事物的本质。以光为例，我们可以透过光的各种直观表现了解光的各种性质，比如光的反射、折射等，这些都是"形"的层面，中国古代就做得不错，很多古籍中描述了光的各种性质，比如《墨子》中就描绘了小孔成像的现象。宋朝的朱熹在注解屈原的《天问》时，就解释了月有阴晴圆缺的光学原理。对中国传统思维来说，我们更看重光的各类应用。

但是，西方科学界在讨论光是什么的时候，就会透过现象来思考光的本质。他们问：光是由一个个粒子组成的，还只是一种波？这种思考在西方推动了科学的发展，而在中国古代，却始终没有跨出这一步。

由此可见，形而上学是非常重要和有意义的。所以，当西方学者讨论"信息是什么"时，除了关注信息的外在表现、信息的作用和性质以外，他们还会关注信息的本质。

另外，东西方思维的还有一个显著差别在于定量。

比如烹饪，我们看中国的食谱中教你做一个菜，有时会写着盐少许、糖半勺等,照着这类食谱做菜,常常不知道究竟该放多少调料,学习的人会有点不知所措。

西方的食谱就写得非常精确,明确写着盐放几克,糖放几克。我在外国朋友家里的厨房经常看到电子秤。他们真的会照着食谱给食材或调料称重,烹调时完全照本宣科。

这也是西方的优点,用数字更能科学地传承工艺。

因此,按照西方的思维,讨论"信息是什么",不可避免地会思考信息的本质,并试图定量信息。

1.2 给信息定性

关于信息的本质或者属性,控制论的创始人维纳(Norbert Wiener)认为:信息就是信息,既不是物质也不是能量。这个说法给了信息崇高的地位。

根据现代物理学的相关理论,人们已经普遍相信,宇宙本身是由基本粒子和能量组成的,基本粒子是构成物质的最小也是最基本的单位,就是说人们观察到的这个世界是由物质和能量组成的。

在经典定义中,任何占有一定空间有质量的物体都被视为物质。根据这个定义,宇宙中任何可以测量到的物理实体,包括人类感官不能感觉到的比如空气、亚原子粒子等都是物质。而宇宙即能量,在每个亚原子粒子和每个生物体的机能中,在宇宙空间发生的任何事件,能量都在其中起着重要作用。但是,能量不是一种物体,不是某件实物。一般来说,当人们谈论能量时,实际上是指能量可见的结果,比如光、热或运动。能量不能被创造或毁灭,只能改变其形式。能量可以转化。物质和能量之间的区别很复杂,因为物质可能具有与波(能量)类似的特性,而能量可能与粒子具有类似的特性。

自从爱因斯坦提出了著名的相对论之后,我们知道物质和能量是可以互换的,如质能方程式所示:$E=mC^2$。质能方程表明,物体的质量是它所含能量的量度。所以,实际上物质和能量已经统一了。

存在一种被称为"一元论(Monism)"的哲学学说,认为世界只有一个本原。唯物主义的一元论肯定世界的本原是物质,唯心主义的一元论肯定世界的本原是意识。

维纳认为信息既不是物质也不是能量,如果信息真的是某种独立存在,相对于"物质"和"意识",信息就可以被视为组成宇宙的"第三者"了。维纳打开了一个潘多拉魔盒,让宇宙变得更加复杂了。

实际上,现代科学不大会接受"意识"的独立存在,那么,科学家愿不愿意接受"信息"的独立存在呢?比如说,承认"宇宙是由物质和信息组成的"。目前看来很难。在所观察到的宇宙内,科学家没有发现"物质与能量"之外的第三者。如果我们讨论独立存在的"意识"或者"信息",很容易让人联想到"灵魂"之类虚幻、迷信的观念,哲学意义上是唯心的。

表面上看,信息和物质密切相关,信息和能量也密切相关。但实际上,信息与智慧生命的关系更紧密。

1. 信息是不是物质

要准确回答"信息是不是物质"这个问题,首先必须讨论物质的定义。

在我读高中的那个时期,物质被定义为客观实在。这是基于列宁的观点。列宁在《唯物主义和经验批判主义》中指出:"物质是标志客观实在的哲学范畴,这种客观实在是人通过感觉感知的,它不依赖我们的感觉而存在,为我们的感觉所复写、摄影和反映。"

那么,什么是"客观实在"呢?意识和信息算不算是客观实在?

"客观"是一个抽象名词,指的是独立在意识之外,不依赖精神而存在的,不以人的意志为转移的。

"实在",顾名思义包含两层含义:"实"和"在",意味着"真实的存在"。那些在人类脑海中虚拟的"存在",不是实在。

一提到"真实",事情又变得复杂了。关于我们所在的世界是否真实,有很多复杂的讨论。有不少科幻小说和电影在想象"我们所处的世界是虚幻的"。

著名科学家笛卡尔也曾经讨论过这个话题。他认为,一切都可能是虚幻的,我们看到的一切可能都是自己的想象;但"我在思考"这个事实是否定不了的。因此,他说了一句名言:"我思故我在"。他其实是用意识的真实,证明了人的存在。

著名哲学家卡尔·雷蒙德·波普尔(Sir Karl Raimund Popper)和诺贝尔奖获得者神经生理学家约翰·卡鲁·埃克尔斯(Sir John Carew Eccles)合写了一本书——《自我及其大脑》(*The Self and Its Brain*)。在这本书的开头,波普尔就给"真实性"下了一个定义:任何影响宏观的自然界的客体行为的东西都是真实的。

按照这个定义,所有我们看得见的、存在质量的物理客体本身都是真实的,必定是实在的。首先,由于它们拥有体积,占据了自然界的空间,必然会影响其他物体的运动;其次,根据牛顿的万有引力定律,两个拥有质量的物体无论相隔多远,它们之间必定存在引力。因此,所有具有质量和体积的物体之间必然彼此相互作用并且影响彼此的行为,它们都是真实的。同时,由于它们的存在不依赖于生命意识的观察和想象,它们必然是客观的。

很多我们看不见的物体,因为能够影响宏观自然界的客体行为,一定也是真实的。比如空气,让动植物能够呼吸以维持生命,会形成大风吹倒物体;空气能够对真实的固体物质产生作用,所以是真实的存在。还有重力场和电磁场,重力场让苹果从树上掉下来砸到牛顿的脑袋、让月球围绕地球转动;磁场让指南针总是指向地磁场的南北极,等等。由于这些场也能对宏观物体产生影响,它们也是真实的存在。同时,由于它们的存在不依赖于生命意识的观察和想象,它们必然是客观的。

波普尔认为,所有这些物体、物质和场都属于一个世界,他称之为"世界1"。显然,"世界1"范畴的所有东西,我们现在都承认它们是客观实在,按照列宁的定义,它们是物质。

波普尔哲学中还存在着另外两个世界。"世界2"由人的思想、意识或无意识状态所构成。根据波普尔关于真实性的定义,"世界2"也是真实的,因为"世界2"也能影响宏观自然界的客体行为。

例如,根据牛顿第一定律,一个球在没有外力的作用下,会保持静止或匀速直线运动。一名运动员看到了球,经过思考,大脑沿着神经发出了命令,从而引起肌肉的反应,推动运动员奔跑并用脚踢到了球,从而让球改变了运动轨迹,射向了球门。这个过程实际上就是"世界2"控制运动员的行为影响了"世界1"的物体。

那么"世界2"客观吗?

对于运动员来说,他的主观意识决定了他的行为,他可以冲上前去踢球射门,也可以放弃奔跑,听任足球从面前滚过。从这个意义上来说,这个运动员的意识是主观的。

很显然,"世界2"完全依赖于智慧生命的大脑活动而存在,"世界2"是主观的。

因此,我们说"世界2"不是客观实在,"世界2"不是物质。

波普尔认为,在"世界1"和"世界2"之外还存在着一个"世界3"。根据波普尔的定义,"世界3"是人类思想的产物,它们既不是物理的物体,也不纯粹是人脑的状态,而是这样一些东西,如故事、神话、音乐、数学定理、科学理论等。

"世界3"的全部事物都是人类的创造,在它们没有形成物质形式时,它们只是大脑意识的一部分,属于"世界2"的范畴。

当它们形成物质后,形式也是多种多样的。如果我们泛泛谈一段音乐,它可以表现为一张纸和墨水组成的乐谱,也可以表现为记录演奏的唱片或者硬盘内某个区域的电子排列,甚至可以是弹奏时空气中波的振动。

请注意:这些印有乐谱的纸张、唱片或者硬盘都是"世界1"的物体。它们并不等同于"世界3"的音乐,它们只是"世界3"音乐的载体,它们只是记录和存储音乐的工具。通俗地说,它们是"世界3"的包装,或者是"世界3"的容器。

"世界3"本质上就是一个记录智慧生命思想的信息世界。既然"世界3"是人类思想的产物,人类大脑是持续活动着的,思想随时都有可能发生变化,"世界3"的内容必然会随着人类主观想法的改变而改变。

有人说:"好文章与其说是写出来的,不如说是改出来的。"这一次次的修改过程,其实也是作者思想提炼、升华的过程。

所以,"世界3"是主观的。

我猜测,波普尔之所以产生"三个世界"的想法,很大程度上是因为他注意到了智慧生命对于宇宙物质产生的巨大影响。

如果没有智慧生命,整个宇宙只存在"世界1"。

自智慧生命产生后,智慧生命脑海中的意识显然不同于物质世界,于是波普尔把全部意识定义为"世界2"。

然后,波普尔又发现了第三个世界:一块石头经过智慧生命的雕刻变成了一座石像。石像本体仍然属于"世界1"的物质,但是石像所表达的思想呢?

智慧生命的创造不仅让石头改变了形状,而且赋予了石头新的内涵。也就是说,智慧生命的参与让"世界1"的物质形态发生了深刻改变,让物质具备了新的价值和意义,这些价值和意义展现并诠释属于"世界2"的意识,构成了一个新世界。

在接受波普尔"三个世界"构想的前提下,我们关注的信息存在于哪个世界呢?

首先,我们观察"世界1"。很显然,"世界1"中的全部物体,每一个都有自己的信息。

我们可以看看信息论的奠基者香农先生的观点。香农曾经定义过信息。他在进行信息定量计算的时候,明确把信息量定义为随机不确定性程度的减少。这就表明他对信息的理解:信息是用来减少随机不确定性的东西。或如香农逆定义所述:信息是确定性的增加。从本质上来看,信息并不独立存在,它只是物质、能量状态和状态变化的描述,信息描述的作用就是减少该物质、能量的部分属性甚至全部属性的不确定性。不同物质和能量的"信息"是不同的,比如一棵树有一棵树的信息,宇宙有宇宙的信息,并不存在独立于物质和能量外的抽象信息。

在香农眼中,信息就像长度、体积等一样,是描述物体的某种属性。很显然,香农关注的就是"世界1"中的信息。香农关于信息的定义不适用于"世界2"或"世界3"的信息。

"世界1"中的信息表示了物体的属性。更专业的说法,即世界1的信息是事物的运动状态和状态变化的自我表述。我们可以通过信息了解事物的属性。这些信息显然是客观的。

其次,根据直觉,我们认为:"世界3"和"世界2"全部内容都属于广义信息的范畴。

对于每个个体来说,"世界2"是本人的意识世界,也是本人创造、创作以及行为的本源。当意识形成数据、思想或者观点时,就成为本人脑海中的信息。"世界2"的信息只存在于智慧生命的大脑中,当"世界2"的信息被本人用某种形式表达出来,呈现于"世界1"时,个人的"世界2"变成了物质世界的"世界3"。很显然,"世界2"和"世界3"的信息全部是智慧生命思考的产物。因此,它们都是主观的。

按照波普尔的定义,"世界1"和"世界3"的信息真实吗?能不能改变宏观的自然界的客体行为呢? 表面上,似乎可以。例如,当一个足球在球场上滚动时,一名运动员看到足球并估算了足球的速度和他与足球之间的距离,然后他启动加速,奔向足球,并踢到了足球。足球的速度和运动员与足球之间的距离都属于"世界1"的信息范畴,运动员经过测算,发现自己能追上足球,于是他启动加速并踢到了球。似乎是"世界1"的信息推动了他的行动,改变了宏观自然界的客体行为。

"世界3"也是如此。由于我们对半导体原理的科学理解,才能制作大规模的集成电路,从而制造出先进的电子产品。被某些人认为是反面的例子有,由于我们对原子核物理的研究,我们制造了核武器从而拥有了摧毁地球生命的力量。

不过,物体与信息对宏观自然界的客体行为的影响方式有一个显著的不同:"世界1"的物体是能够直接对宏观自然界的客体行为发生影响的。比如,月亮只要在那里,就能够直接与环境物体之间产生万有引力,改变彼此的运行轨迹。

而"世界1"的信息和"世界3"必须依靠"世界2"——人类(或者智慧生命)的意识介入才能够产生实际影响。无论对于足球速度的判断,还是欣赏音乐或者科学理论的运用,都必须经过"世界2"的介入,才能产生影响宏观自然界的力量。如果没有生命意识,信息与环境之间的相互作用不会产生。换句话说,没有生命意识的运用,信息既无法产生,也毫无用处。

总之,只有"世界2"的信息才能直接影响人类行为,从而对自然界的客体发生作用。"世界1"的信息和"世界3"都不能直接对宏观的自然界的客体行为产生影响,它们都必须依靠生命意识的介入,才能改变宏观自然。正如一本印有科学理论的书,对于一个不识字的人来说,这些信息毫无价值。"世界1"的信息和"世界3"都必须转换为"世界2"的信息,才可能对宏观的自然界产生影响。

为了区分这几类信息,人们创造了两个名词:本体论信息和认识论信息。

"世界1"中物体的信息,是事物的运动状态和状态变化的自我表述，我们称之为"**本体论信息**"。本体论信息是事物的自我表述，不受生命意识的影响，所以是客观的。

"世界3"的内容很庞杂，但可以概括为是对各类事物的运动状态以及状态变化方式的具体描述，包括对于它的"状态和方式"的形式、含义和价值的描述。我们称之为"**认识论信息**"。

当"世界1"的信息，或者"世界3"被"世界2"获取成为"世界2"中的信息，这些信息变成了"世界2"对"世界1"和"世界3"各类事物的运动状态以及状态变化方式的具体描述。这些信息和"世界2"自身产生的信息也属于"认识论信息"。

"认识论信息"由生命意识决定，所以是主观的。

由于意识在接收信息时可能会产生偏差，因而"认识论信息"很可能不同于"本体论信息"。比如，小明正在读小说，事物的本体论信息是小明以他的行为表述的"小明正在读小说"。小明的妈妈以为小明正在学习，那么"小明正在学习"是小明妈妈通过观察小明的行为得到的认识论信息。根据信息的常规定义（信息就是消息），"小明正在读小说"与"小明正在学习"都是"信息"。

小明妈妈是否会去干涉小明的行为？我们不清楚。但是决定小明妈妈行为的，只能是小明妈妈的"认识论信息"。小明妈妈认为小明正在学习，也许就不会去干预。小明妈妈认为小明在读小说，也许就会去提醒小明先完成作业。

同样，在足球场上，足球的速度和运动员与足球之间的距离都有客观的数值，这些数值是本体论信息。但是让运动员认定可以追上足球，因此启动加速，奔向足球的动力，是运动员"通过对各类数字的估算得出的结论"，即促使运动员行动的是认识论信息。不过，估算是否准确取决于运动员的经验和判断力，如果运动员估算错误，他有可能追不上足球。总之，认识论信息取决于每个人的感知，已经不再客观。

同样是认识论信息，"世界3"的信息必须转换为"世界2"的信息,才有可能对宏观的自然界产生影响。正如任何作品只有被读者理解和运用,才能在现实中发挥作用。决定人类行为的是"世界2"的认识论信息。

我把本节内容概括到表1-2中。

表1-2 "世界1""世界2"和"世界3"的特性比较

世界分类	世界1	世界2	世界3
内涵	所有物体、物质和场	智慧生命的思想、意识或无意识状态	智慧生命创造和创作所表达的理论和情感
信息内涵	物质的各类属性	是每个个体的信息源	是"世界2"的信息在"世界1"的表达和展现
信息客观性	信息不能被智慧生命的意识所改变,具有客观性;属于本体论信息	完全依赖于智慧生命的大脑,不具有客观性;属于认识论信息	取决于发布者的想法和表达,也受到接收者理解力的影响,不具有客观性;属于认识论信息
信息实在性	信息被智慧生命采集和应用后,才能影响宏观自然,但不具有真实性,不是真实的存在	能够指挥身体行动,从而影响宏观自然,具有真实性,是真实的存在	信息被智慧生命采集和应用后,才能影响宏观自然,不具有真实性,不是真实的存在

现在,我们可以得出结论了:按照波普尔的分类,"世界1""世界2""世界3"都存在信息,但它们的内涵是不同的,且有着各自的特点。"世界1"的信息是事物的运动状态和状态变化的自我表述,称之为"本体论信息"。"世界2"和"世界3"的信息是生命意识通过对于三个世界的信息的接收、分析而形成的事物的运动状态以及状态变化方式的具体描述,包括对于它的"状态

和方式"的形式、含义和价值的描述,称之为"认识论信息"。本体论信息、"世界3"的认识论信息只有转化为"世界2"的认识论信息,才能对宏观世界发挥作用。

如果物质的定义是客观实在,那么本体论信息是客观的,却因为不能影响宏观自然界的客体行为,并不是实在的,所以不是物质。虽然有的认识论信息(特指存在于"世界2"的)能够影响宏观自然界的客体行为,是实在的,但因为不客观,而是取决于智慧生命的认知,所以也不是物质。

综上所述,各种信息都不是物质。

2. 信息和能量

在现代科学的描述中,物质和能量已经统一了,既然信息不是物质,那么信息也不可能是能量。

不过,由于我们先前的论述更多地侧重于哲学层面的分析,现在有必要从科学层面来分析信息与物质和能量的关系。

信息与物质和能量最大的区别在于:信息可以复制,而物质和能量都不能复制。

我们知道物质和能量都不可能凭空产生。在经典物理学中,质量和能量是互相独立的,质量有守恒定律,能量也有守恒定律。爱因斯坦把能量守恒定律和质量守恒定律统一为质能守恒定律。质能守恒定律主要是指在一个孤立系统内所有粒子的相对论静能与动能之和在相互作用过程中保持不变。如果质量或者能量能够复制的话,复制出来的质量或者能量就会破坏质能守恒定律。

相比而言,信息则不同。

例如,一位科学家发明了一种新方法,它可以使某项工作节省一些能量。如果这位科学家愿意公开这种新方法,那么就可以一夜之间让全世界所有从事这项工作的人都节省下这些能量。

假设这位科学家发明这种方法时消耗了数量为 N 的能量,

这种方法可以让每一位从事这项工作的人每天节约数量为 M 的能量。当科学家把这个新方法的信息向全世界公开后，假设全世界有 1 万人从事这项工作，那么这个信息每天可以为世界节省下 $10\,000M$ 的能量。所以说，信息产生的效益可能远远大于科学家消耗的能量。

正因为信息不是能量，信息的效益可能大于产生信息所消耗的能量，因此信息才显得更有价值。

当然，由于信息不是能量，所以信息不可能直接转化成能量。换言之，信息只能提高能量的使用效率，而不会创造出能量。

让人们困惑的是，有的时候，人们会产生错觉，感到信息似乎变成了能量。

例如，一家工厂，原来 10 个工人消耗了 100 kW·h 电，生产了 100 件产品。现在，他们掌握了新的方法，依然是 10 个工人，依然消耗了 100 kW·h 电，但生产了 120 件产品。在这个例子中，工人们似乎因为掌握了信息，获得了更多能量，从而能够多生产 20 件产品。

然而，热力学第一定律告诉我们，能量不会凭空产生，只会从一种形式转化成另一种形式。如果信息是能量的话，就很容易解释这个例子。因为能量从"信息"形式转化成了"实用"形式，所以产量增加了。

现在，如果我们确定信息不是能量，那么新增加的能量来自何处？

为了简化问题，我们可以换种方式进行描述：假设这家工厂的产品很单一，所有产品只有一种形式。使用的原材料也是单一的，只有一种形式。每个原材料能且只能生产一个产品。原材料和产品是一一对应的。

我们可以认为，所谓生产就是把一个物品从原材料形式转化为产品形式。由于原材料具有唯一的形式，产品也具有唯一的形式,从原材料转化为产品所需要的能量只能是一个固定值,记为 a。生产过程可以表述为:每个原材料 + a = 每件产品。

在员工掌握信息前后,生产所消耗的能量都是 10 个人工和 100 kW·h 电。但是产出不同:未掌握信息时,只能生产 100 件产品,也就是相当于 $100a$ 的能量产出;掌握了信息,能生产 120 件产品,有了相当于 $120a$ 的能量产出。多出的 $20a$ 能量,如果不是信息转化的,来自何处?

热力学第一定律告诉我们:任何热力学系统在状态变化的过程中,系统内能的增量 ΔU 等于外界对于系统所做的功 A 与从外界传入的热量 Q 之和,即 $\Delta U = Q + A$。

如果信息不是能量,例子中的生产过程是否违背了热力学第一定律?

我们还可以利用热力学第二定律来讨论这个生产过程。

热力学第二定律有多个表述:

(1) 不可能把热从低温物体传到高温物体而不产生其他影响;

(2) 不可能从单一热源取热使之完全转换为有用的功而不产生其他影响;

(3) 不可逆热力过程中熵的微增量总是大于零,又称"熵增定律",表明在自然过程中,一个孤立系统的总混乱度(即"熵")不会减小。

这里,出现了一个新名词"熵"。熵的物理意义是体系混乱程度的度量。

例如,一副扑克牌,如果按照某一规律整理好,比如从小到大排列,这时这幅牌的熵比较小。无规律洗牌后,熵变大。在一副牌整理好的时候,我们很容易记住每一张牌的位置;而在一副牌混乱的时候,我们要记住每张牌的位置就必须花更多的时间和精力,即消耗更多的能量。同样,打乱一副牌要容易得多,而整理一副牌却要耗费更多的能量。

从扑克牌这个例子中,我们找到了信息和熵以及能量之间的联系。面对一个复杂系统(此时系统的熵最大),我们要获取关键信息,就必须理清各类关系,需要耗费更多的能量。

回到前面工厂生产产品的例子上。首先,生产过程就是将原材料制成产品的过程,我们可以把它视作熵减少的过程。由于原材料和产品是一一对应的,每一件原材料转换为产品时,减少的熵是一个固定值,记为 S。在员工掌握信息前后,生产所消耗的能量都是 10 个人工和 100 kW·h 电。但是,员工未掌握信息时,只能生产 100 件产品,也就是只减少了 $100S$ 的熵。后来,员工掌握了信息,能生产 120 件产品,即减少了 $120S$ 的熵。

如果信息不是能量,没有新的能量进入生产进程,为什么减少的熵更多了?这个过程是否违背了热力学第二定律呢?

为了解释这个问题,我们请出大名鼎鼎的麦克斯韦妖(Maxwell's demon)①。

詹姆斯·克拉克·麦克斯韦(James Clerk Maxwell, 1831—1879),英国物理学家、数学家。1871 年,他为了说明违反热力学第二定律的可能性而设想了一个简单的试验:一个绝热容器被分成相等的两格,中间有一扇活板门,容器中的空气分子做无规则热运动时会撞击门,麦克斯韦妖控制着门的开关,它有选择地将速度较快的分子(这样的分子组成的气体温度较高)放入左边格,将速度较慢的分子(这样的分子组成的气体温度较低)放入右边格,这样,容器中两格的温度就会一高一低(图 1-7)。麦克斯韦认为,整个过程中使用的能量就是"分子速度"这一信息,利用这一信息,麦克斯韦妖将容器的熵变小了。

---

① 麦克斯韦妖:在物理学中假想的妖,能探测并控制单个分子的运动。

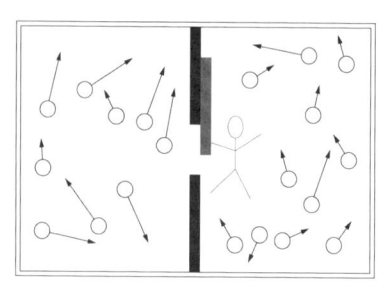

图1-7 麦克斯韦的理想实验

如图1-7所示,○——▶表示快分子,○—▶表示慢分子。左边格内的快分子渐渐多于慢分子,温度是分子平均动能的标志,左边格内的温度渐渐高于右边。

我们比较两种情况:

第一种情况,麦克斯韦妖是守门人,每分钟开关十次门。但它观察靠近门的分子速度,它放行快分子去左边的格子,放行慢分子去右边的格子。渐渐地,左边格子的快分子多,温度高。右边格子的慢分子多,温度低。本来温度均衡的箱子,变成了左右格子温度有落差,容器的熵降低了。

第二种情况,麦克斯韦妖仍是守门人,每分钟开关十次门。但它不观察靠近门的分子速度,只是随机开门。结果左右格子快慢分子一样多,两个格子的温度仍然一样高,容器的熵不变。

在这两种情境中,麦克斯韦妖的动作是相同的,都是每分钟开关十次门,如果只是比较麦克斯韦妖的体力动作,由于动作幅度和频率一致,我们猜测在这两种情境中,麦克斯韦妖消耗的能量一样多,所以在第一种情况中,仅仅因为麦克斯韦妖采集并利用了"分子速度"这个信息,就将这个孤立系统的熵降低了,似乎熵降低和能量消耗无关。

但是,按照热力学第二定律:不可逆热力过程中熵的微增量总是大于零,表明在自然过程中,一个孤立系统的总混乱度(即

"熵")不会减小。我们讨论的容器是一个典型的孤立系统,和外界没有能量交换。第一种情况和第二种情况相比,其他条件都没有改变,麦克斯韦妖消耗的能量也一致,但是第一种情况容器的熵却变小了,这似乎违背了热力学第二定律。这里存在着一个悖论。

后来,科学家利奥·西拉德(Leo Szilard,1898—1964)在1929年发表了一篇重要的论文《关于热力学系统中因为智能生物介入所造成的熵降低》(*On the Reduction of Entropy in a Thermodynamic System by the Interference of an Intelligent Being*),其中对麦克斯韦妖悖论做出了被公认为可信的解释。关键在于,第一种情况,麦克斯韦妖必须观察分子的运动速度,也就是必须获得分子运动速度的信息,这个过程是消耗能量的。对应两种情况,麦克斯韦妖消耗的能量是不同的。第一种情况熵降低是麦克斯韦妖消耗能量比较多的结果。故麦克斯韦妖的出现并没有违背热力学第二定律。

利奥·西拉德的观点阐释信息与熵和能量的关系:从最根本的角度来说,信息是大脑或者计算机记忆库的某种有序状态,也是低熵态。当我们拥有愈多的信息时,大脑或者计算机某区域就更结构化与组织化,熵也就越低。

信息对应着低熵态,低熵态相当于电池,存储了能量,从而具有对外做功、降低外界熵值的能力。根据利奥·西拉德观点推论,各类信息系统都是低熵态,因此能够对外做功,有能力降低外界系统的熵。

按照利奥·西拉德的理解,虽然两种情况麦克斯韦妖动作一致(每分钟开关门10次),但第一种情况是麦克斯韦妖在观察分子,测量分子的速度,并判断是否开关门,麦克斯韦妖消耗的能量要更大,这部分多消耗的能量使容器的熵降低了。

不过,我认为这个结论还有不完整的地方。

在第一种情况下,麦克斯韦妖认真观察分子的速度。这类观察的确消耗能量。

再考虑第二种情况,虽然麦克斯韦妖不需要观察分子,只是随机地开关门,但它毕竟没有睡着,它的脑子还在活动着,可能在胡思乱想,也许它还在回忆昨晚与薛定谔猫约会的情景,也就是说它的大脑依然在消耗能量。回到第一种情况,由于麦克斯韦妖必须判断分子速度并根据分子速度来决定是否开关门,它的大脑完全没有胡思乱想的自由。

这两种情况,麦克斯韦妖的大脑都在消耗能量,不过在第一种情况下,这些消耗的能量更多地用在工作上面了。

接着,分析麦克斯韦妖的动作:两种情况下麦克斯韦妖的动作一致,也就是说麦克斯韦妖的行为所做的功是一样的。但第二种情况,麦克斯韦妖的开门动作对于容器两边分子运动的平均速度无影响,可以说它做的是无用功。而第一种情况,由于意识的介入,麦克斯韦妖确实影响了容器两边分子运动的平均速度,说明它做的功发挥了作用。

因此,我认为利奥·西拉德的观点有正确的一面,即信息是负熵,获得信息必须消耗能量,因此信息具有对外做功的能力。不过,利奥·西拉德似乎没有意识到,获得信息、使用信息所消耗的能量未必是系统以外额外增加的。

我们可以这样想象:

首先,假设让麦克斯韦妖按照第二种情况的方式工作 8 小时,麦克斯韦妖胡思乱想消耗了数量为 a 的能量,它随机开关门消耗了数量为 b 的能量。于是,它总共消耗了 $(a+b)$ 的能量,但是容器的熵没有减少。

然后,限定麦克斯韦妖的能量消耗,让它按照第一种情况的方式工作,也许麦克斯韦妖观察分子速度消耗的能量比胡思乱想多,它根据分子的速度开关门消耗的能量也比随机开门消耗得更多,于是,它工作 4 小时就消耗完了 $(a+b)$ 的能量。不过这时,容器左右两边分子运动的平均速度已经不同了,容器两边产生了温度差,容器的熵减少了。

在这个过程中,麦克斯韦妖之所以降低了容器的熵,是因为它采集并利用了信息。相对于前一个过程,它并没有消耗更多的能量。整个过程中,没有更多能量的投入,由于信息减少了能量的浪费,提高了能量的使用效率,于是降低了容器的熵。对于麦克斯韦妖而言,如果它的工作是降低容器的熵,那么在第二种情况下,它大脑以及行为消耗的能量都被浪费了;在第一种情况下,也许麦克斯韦妖因为观察分子运动速度并适时开关门,的确消耗了更多的能量,不过我们更直观地观察到麦克斯韦妖的表现是:它的大脑全力投入工作,而它的这一行为产生了效果。系统熵减少的主要原因是在意识的介入下,麦克斯韦妖采集并利用了信息,从而大大减少了能量浪费。麦克斯韦妖不再做无用功,因此它消耗的能量有效地发挥了作用。

由此可见,信息的作用主要体现在以下两个效应:

效应一:信息让大脑或者其他系统处于低熵态,从而具有对外做功、降低外界熵值的能力。

效应二:信息能够提高能量的使用效率,减少能量的耗散,让能量更多地做功。

这两个效应,第一个源于信息的本身属性,第二个取决于信息的内容。如果信息有助于改进流程、改善工艺,效果将比较显著。在实际生产中,真正发挥作用的是第二个效应。

例如,在做某一项工作时,在工作过程中我们采集并利用了信息。

采集和利用信息的步骤消耗了我们的能量 A,降低了我们或者某个系统的熵,我们或者系统有了对外做功的能力。按照能量守恒定律,在没有其他能量输入的前提下,我们可以利用信息对外做功的数值小于等于 A。这就是效应一。

同时,由于我们采集和利用了信息,完成工作时,我们节省了能量 B。我们用能量 B 做了额外的功,当然按照能量守恒定律,额外功的数值小于等于 B。这就是效应二。

由于 B 的数值可能远远大于 A,这体现了信息的价值。

回到前面生产的例子,如果用利奥·西拉德提出的效应一来解释:工人掌握信息后,大脑处于低熵态。虽然生产仍然只消耗了 10 个人工和 100 kW·h 电,但工人内在能量消耗得更多了,工人劳动强度增大,工作后大脑更疲劳,回家后可能需要多吃饭早睡觉了。

用效应二解释:其实消耗 10 个人工和 100 kW·h 电在理想状态能产出的能量效应为 $200a$,可以生产 200 件产品。员工未掌握信息前,这个 $200a$ 的能量理想产出只发挥了 50% 的效率,才生产了 100 件产品。员工掌握信息后,这个 $200a$ 的能量理想产出发挥了 60% 的效率,生产了 120 件产品。

我认为,在现实生产中,两种效应都在发挥作用,但是信息的作用主要体现在效应二。

由于信息的主要作用是减少能量损耗,提高能量的使用效率,这个过程没有违背热力学第一定律。同样,由于能量效率提高了,在原材料转化为产品的过程中,减少的熵也更多了。这个过程同样不违背热力学第二定律。

当然,需要指出的是:根据热力学第二定律,能量的使用效率不可能提高到百分之百。因为热力学第二定律有一个表述:不可能从单一热源取热使之完全转换为有用的功而不产生其他影响。这意味着能量一定存在某种耗散,导致其他变化的发生。

由于信息既不是物质也不是能量,这使得信息复制不再受到热力学第一定律和第二定律的制约,信息可以被广泛复制,从而使其具备了更大的价值。

3. 信息的属性

如果信息不是物质,那么信息又是什么?

从上述生产例子,我们已经发现信息与熵的降低关系紧密。我们再看一个例子:甲乙是两张一模一样的纸。甲上面有乱七八糟的墨汁;乙上面是墨水写的乐谱。如果两张纸以及纸上墨水的质量都是相同的,即这两张带有墨水的纸张由相同数量的原子和分子组成。我们可以认为,甲和乙具有同样的物质构成。我们可以用等式表示为:

甲 = 纸 + 墨水;乙 = 纸 + 墨水 + 音乐乐谱。也就是说:甲只有物质,乙包括同等物质 + 信息。

那么,从物理方面分析,甲乙两张纸究竟有什么不同呢?

直观地来看:甲上面的墨汁是随机分布的;乙是乐谱,纸上的墨水是按照特定规律分布的。简而言之,甲上面墨汁的排列是混乱的,乙上面墨汁的排列是有规律的。

我们使用"熵"衡量墨汁的分布状况。

再拿上面的例子来说,对于甲而言,由于它上面的墨汁是随机混乱排列的,甲的熵就比较大;对于乙而言,由于它上面的墨汁是按照特定规律排列的,所以熵就比较小。因此,甲和乙相比:甲 = 纸 + 墨水;乙 = 纸 + 墨水 + 熵的减少。

由此,我们可以得出结论,音乐乐谱(这里是作为广义信息的代表)等同于带墨汁纸张的熵的减少。所以,信息就等于"负熵"。

上述的例子,以"世界3"的信息作为代表。另外两个世界的信息也是如此:"世界1"的信息,按照香农的定义,是物体确定性的增加,我们对于某物体的属性掌握得越透彻,我们对于该物体理解的混乱程度必然下降,熵是下降的。所以,按照香农的定义,我们也可以得出结论:"世界1"的信息也等同于负熵。同样,"世界2"的信息就是大脑的认知,当大脑思路清晰并得出结论时,大脑中某部位的分子或者原子的排列变得更加规律,所以,"世界2"的信息也是负熵。因此,从物理上分析,信息等同于负熵。

无独有偶,著名物理学家埃尔温·薛定谔先生(Erwin Schrödinger)写过一本《生命是什么》的书,他在书中定义生命为"反熵"。由此,信息和生命在这个层面就等价了。

1.3 三类信息和宇宙的构成

前面我们已经阐述过了,按照波普尔的分类,我们面对的世界有三个。

"世界1":我们日常说的宇宙的全部,所有具备质量的物体以及场。

"世界2":由人的思想、意识或无意识状态所构成。

"世界3":人类思想的产物,它们既不是物理的物体,也不纯粹是人脑的状态,而是这样一些东西,如故事、神话、音乐、数学定理、科学理论等。

每个世界都有自身的信息,这三个世界信息的内涵是不同的,可惜经常有人将它们搞混。对于这三个世界的信息,曾经有专门的名词分别来定义。"世界1"的信息称为自在信息,即没有进入人的认识领域,未被反映和把握的纯自然状态信息;"世界2"的信息称为自为信息,指人这个认识主体所感知的信息,是已被把握的自在信息;"世界3"的信息称为再生信息,是主体对自为信息经过加工制作后,向外界输出的信息,是主体反映客体而形成的观念性信息和思维信息。

(1)"世界1"的自在信息

任何物体,只要在宇宙中真实存在,就一定具有可供描述的运动状态,这种对物体运动状态的描述就是物体的信息。比如我们所在的地球,它的形状、体积、质量、构成、运动速度等都属于它自有的信息,我们掌握的地球的信息越多,就越了解它。科学研究的一项重要工作就是测量、分析我们所研究对象的关键信息,从而加强我们对于研究对象的了解。这类信息,都是"世界1"的信息,也是我们比较容易定量分析的信息。

我们现在想讨论的问题是:如果宇宙中不存在智慧生命,月亮还存在吗?月亮的信息还存在吗?

首先，我们必须定义"存在"。

"存在"是一个复杂的概念。《存在与时间》的作者马丁·海德格尔（Martin Heidegger）认为，"存在"既是最明了的概念，可也是最晦涩的概念。现实中大多数人自认为"存在"这一概念是自明的，也是最清楚的，故无须发问"何谓存在？"，更无须去研究何为"存在"，可哲学的终极任务本来就是要解释"何为存在"。作为一名思考者，如果你把"存在"这个最晦涩的概念误认为是简单、明了、无须解释的，那么你就犯大错了。

"存在"的本意是"在""出现"（拉丁文：existere）。事物可以存在于自然界中（物质存在 material existence），也可以存在于心灵上（理想存在 ideal existence）。存在就是具有一种形式，包括"物质形式"或者"逻辑形式"，因而占据着时间和空间。

首先，我们讨论物质存在。物质存在意味着真实的有。按照波普尔的定义：任何能够影响宏观自然界的客体行为的东西都是真实的。由于信息不是物质，当然信息也就不是物质存在。

其次，我们讨论理想存在。如果我们心灵上感知到了信息，那么信息自然就存在于我们的心灵上。

回到我们的话题"月亮"，很显然，不管有没有智慧生命，月亮占据了空间，拥有质量，与其他物体之间具有万有引力，互相影响着对方的运动。月亮是地球海洋潮汐产生的主要原因。月亮影响了宏观自然界，是真实的存在。

但是，如果没有智慧生命，没有人观察、分析、测量月亮的信息，当然也不可能有人利用月亮的信息采取行动，从而对宏观自然界产生作用。

因此，没有智慧生命，月亮本身依然能够对于宏观自然界产生影响，是真实的存在，不过月亮的信息就不会被采集，也不会被应用，更不会影响宏观自然界，月亮的信息不具有物质上的真实性。同时，没有了智慧生命，月亮的信息当然也不会被智慧生命的心灵所感知。所以，没有智慧生命，月亮的信息无论是物质上,还是心灵上,都不存在。

由此得出的结论是:如果没有智慧生命,月亮依然存在,但月亮的信息不存在,即如果没有人看见(意思是无人感知),月亮存在,月亮的信息不存在。

月亮如此,"世界1"中的全部物质也是如此。没有智慧生命,它们的信息不会被采集,也不会产生作用,不具有物质上的真实性,这些信息更不会被感知,可以说不存在。

(2)"世界2"的自为信息

我们面对的世界,除了"世界1",还有"世界2"。波普尔直接把"世界2"定义为人的思想、意识或无意识状态构成的世界。他否定了动物们的思想也存在这样的一个世界。波普尔的观点无疑是值得商榷的。

我们可以确定的第一点,按照波普尔关于真实的定义,无论是人的行为还是动物的行为(比如羊吃草),都能对宏观自然界产生影响,那么人和动物的行为都是真实的存在。

我们可以确定的第二点,至少每个人都相信,自己的行为是受本人的意识控制的,我们的意识控制了我们的行动,从而对于宏观自然界产生了影响。因此,本人的意识("我"的"世界2")是真实的存在。

再引申一步,实际上进入了不确定的领域。我们只是推己及人,认为其他人和"我"类似,他们的行为也是受到自己的意识控制的,意识控制了行为,对宏观自然界产生影响。因此,我们推断每个人都有一个属于自己的"世界2"。

至于动物,其实我们应该想到,它们的行动也是受意识控制的,不过由于它们不能确切地向我们表达出想法,为了简化问题,我们只能和波普尔一样,暂时假设它们没有"世界2"。

庄子和惠子关于"世界2",有过一次有趣的讨论,载于《庄子》中,原文如下:

庄子与惠子游于濠梁之上。

庄子曰:"鯈鱼出游从容,是鱼之乐也。"

惠子曰:"子非鱼,安知鱼之乐?"

庄子曰:"子非我,安知我不知鱼之乐?"

惠子曰:"我非子,固不知之矣;子固非鱼也,子之不知鱼之乐,全矣!"

庄子曰:"请循其本。子曰'汝安知鱼乐'云者,既已知吾知之而问我,我知之濠上也。"

这其实可以理解为庄子和惠子关于"世界2"的一次辩论。过程是这样的:

庄子和惠子漫步在濠河的桥上。

庄子看到河里的鱼游弋从容,感叹说:"鱼很快乐呀!",这里,庄子从鱼的行为(出游从容)来推断鱼的情感(快乐),显然逻辑不够充分。

惠子当然不会放过这个漏洞,立刻问庄子:"你不是鱼,怎么知道鱼的快乐呢?"

庄子不甘示弱:"你不是我,怎么知道我不知道鱼的快乐呢?"

双方都默认了一个观点,我们只能肯定自己的所思,并不能肯定我们之外的其他生命的思想和情感。

惠子分析说:"我不是您,当然不知道您的感知;您也不是鱼,您也不知道鱼的快乐。这个逻辑是自洽的。"实际上,谈话到这里,从逻辑层面,庄子已经输了。庄子不得不开始狡辩了,他用了"脑筋急转弯"式的论述:"你刚才的问题是'你不是鱼,怎么知道鱼的快乐呢?'也就是说,你已经承认鱼是快乐的,只是问我怎么知道的。我现在回答你,我从濠河上知道的。"

其实,庄子利用了汉字解释的多样性,"安知"解释为"怎么知道",但是"怎么知道"这句话既可以理解为反问,意思是"根本不可能知道",也可以理解为一个普通的问题:"你是怎么知道的?"庄子一看从逻辑上辩论不过惠子,就从"安知"另一个解释方向"你怎么知道的"来回答惠子的问题。

这个故事说明了"世界2"的特点,至少在现有的科学研究层面,动物有没有智慧和情感,或者有什么样的智慧和情感,"我"是不能确定的,更极端的是,其他人有没有智慧和情感,有什么样的智慧和情感,"我"也是不能确定的。

不过,正如笛卡尔所说的:"我思故我在。""我"在思考这个事实,总是不能否定的。"我"的"世界2"总是真实的存在。

在假设动物不具有智慧的前提下,我们可以确定第三点:如果宇宙没有智慧生命,那么宇宙中不会存在"世界2"。

(3)"世界3"的再生信息

再来讨论"世界3","世界3"与"世界1"和"世界2"的关系错综复杂。

人类的想法创意属于"世界2",人类将这些想法和创意等装载在物体中,呈现到物质世界,这些想法和创意才属于"世界3"。不过,这些装载思想的物体本身仍然属于"世界1"。

因为各种原因,这些物体在物质世界被破坏、湮灭,物体所承载的思想可能消失,不过,如果人们对此物体存在记忆,那么物体承载的思想可以说回归"世界2"了。将来,这些回归"世界2"的思想,还可以重新装载到物体中,再次呈现到物质世界,来到"世界3"。

秦汉之际,因为管制和战乱,包括儒家学说经典在内的很多学术书籍失传了。一些诸子百家的思想就是靠"世界2",即人们口耳相传保存下来的。到了汉朝初期,随着国家秩序的恢复,部分典籍经过回忆、整理,重新回归社会。

所以,"世界3"和"世界1"的关系是这样的:人类发明创造了大量物体,这些物体只是人类思想的载体,这些物体本身属于世界1的范畴。这些物体的物理特征,属于"世界1"的物体信息。这些物体承载的信息，属于"世界3"的信息范畴。

一座小岛，人们在岛上劳作生活，并创造了建筑和雕塑，这个小岛上就存在着三个世界，即"世界1""世界2"和"世界3"。

后来，人们因为各种原因离开了小岛，小岛逐渐被世人遗忘。到这个时候，小岛上的所有物体构成了"世界1"。但是由于智慧生命"世界2"不复存在，小岛上物体所有的信息以及"世界3"既不能改变宏观自然，不具有物质上的真实性，又不再被别人感知。因而这些信息不复存在。

很多年以后，小岛重新被世人发现，小岛上各类物体的信息以及"世界3"也可能重新被发现和利用。因此，所有信息可能会重新存在于智慧生命的心灵中。

"世界3"与"世界2"的关系更微妙。

诗人卞之琳先生曾经写过一首短诗《断章》：

> 你在桥上看风景
> 看风景的人在楼上看你
> 明月装饰了你的窗子
> 你装饰了别人的梦

这首诗写于1935年10月。发表后不久，评论家李健吾先生认为，诗人对于人生的解释都是"装饰"，"诗面呈浮的是不在意，暗地里却埋着说不尽的悲哀。"

卞之琳先生对此很不以为然，他写了一篇答复的文章，告诉李健吾先生，他对"装饰"的意思并不想着重，"我的意思着重在'相对'上。"

很多年后，卞之琳先生对诗人周良沛先生说了同样意思的话："《断章》无非是表达一种相对的、平衡的观念。你把我当风景，我也把你当风景，你我的形象互换在对方的窗口与梦中。"

卞之琳先生作为诗作者，他自己出面解释了，总该说服李健吾先生了吧？但是，李健吾先生却说"不"，他又写文章答复："如今诗人自白了,我也答复了,这首诗就没有其他'小径通幽'吗?我的解释如若不和诗人的解释吻合,我的经验就算白了吗?诗人的解释可以撵掉我的或者任何其他的解释吗?不!一千个不!幸福的人是我,因为我有双重的经验。而经验的交错,做成我生活的深厚。诗人挡不住读者。这正是这首诗美丽的地方,也正是象征主义高妙的地方。"

现在,我们来评判一下争论双方的观点。卞之琳先生在脑中产生了诗的创意,也许他想表达"相对"的含义,这是他"世界2"的信息。他把这首诗用文字写出来,发表在杂志上,这本杂志,包括纸张和纸张上印刷的文字,都属于"世界1"的范畴,不在我们讨论范围内。不过这首诗的内涵却是"世界3"的范畴。李健吾先生评论的就是"世界3",即这首诗的内涵。

其中,李健吾先生提到的"诗人挡不住读者"是一个很重要的观点。这首诗虽然是卞之琳先生根据他自己"世界2"的想法写出来的,但是诗歌来到了"世界3",就不受作者控制了。作者的表达能力完全可能造成诗歌在"世界3"所呈现的面貌不同于作者自己"世界2"的构想。

李健吾先生读了这首诗,他的脑中出现的感觉,是李健吾先生"世界2"的产物,也完全可以不同于其他读者的感觉。一首平平淡淡的诗,可能打动历经沧桑的心,实际上读者的参与提升了这首诗的感悟。因此,卞之琳先生的观点不能"一锤定音",这首诗已经发表,那么它真正表达了什么意境,不是作者的评论能够决定的,必须让作品自己来说话。

作品能不能打动读者,有时候取决于读者的经验和经历。例如,《外婆的澎湖湾》是我上小学时学唱的歌谣。小时候,我觉得这首歌旋律动听,描写了欢乐的童年。现在,我重读歌词,却让我感到了其中包含着的深深的思念和淡淡的忧伤。这种转变,很显然是和我的成长经历密切相关的。

《外婆的澎湖湾》

晚风轻拂澎湖湾

白浪逐沙滩

没有椰林缀斜阳

只是一片海蓝蓝

坐在门前的矮墙上

一遍遍怀想

也是黄昏的沙滩上

有着脚印两对半

那是外婆拄着杖

将我手轻轻挽

踏着薄暮走向余晖

暖暖的澎湖湾

一个脚印是笑语一串

消磨许多时光

直到夜色吞没我俩

在回家的路上

澎湖湾澎湖湾

外婆的澎湖湾

有我许多的童年幻想

阳光沙滩海浪仙人掌

还有一位老船长

这也是现代"接受美学"(receptional aesthetic)的主要观点。"接受美学"这一概念是由德国康茨坦斯大学文艺学教授尧斯(Hans Robert Jauss)在 1967 年提出的。接受美学的核心是从受众出发,从接受出发。尧斯认为,一本文学作品,即使已经定稿,如果没有读者,也只是半成品。美学实践包括文学的生产、流通和接受三个方面。

接受是读者的审美经验创造作品的过程,它发掘出作品中的种种意蕴。艺术品不具有永恒性,只具有被不同社会、不同历史时期的读者不断接受的历史性。经典作品也只有当其被接受时才存在。读者的接受活动受自身条件的限制,也受作品范围规定,因而不能随心所欲。作者通过作品与读者建立起对话关系。

"接受美学"很好地阐释了"世界3"和"世界2"的关系,文学作品如此,科学理论亦是如此。"世界3"只有在"世界2"的参与下,才算真正完成,才能发挥作用。没有"世界2"的接受,"世界3"并不完整。

因此,如果一个星球,从来没有智慧生命,这个星球上"世界3"不会出现。如果一个星球曾经出现过智慧生命,那些已经出现在这个星球上的"世界3",也必须经过"世界2"的吸收,才可能影响宏观自然;如果这个星球的智慧生命消失了,这个星球的"世界3"就毫无意义。

现在,我们终于可以讨论宇宙的构成了。

如果我们坚持唯物论的观点,不承认神祇,那么如果没有智慧生命,宇宙就是由物质和能量构成的,本质上,物质和能量已经统一了。信息和意识一样,离不开智慧生命,不能独立存在。如果没有人类和其他智慧生命,我们所在的宇宙是没有信息的。但是,有了人类或者其他智慧生命,我们的宇宙除了各类物质和能量外,还有了各类信息,包括人类测量和分析物体所得到的信息,人类脑海中的信息,以及人类创造的各种物体所蕴含的信息。这些信息让宇宙变得丰富多彩,并且大大提升了能量的使用效率,继而才有机会保证智慧世界能有效持续运转。

智慧生命是信息的来源,智慧生命的价值由此彰显。

1.4 定量信息

香农在信息定量方面做出了重要贡献。1948年,香农发表了一篇论文——《通信的数学理论》(A mathematical theory of communication)。在该论文中,香农给人类带来了一个新的单词——比特(bit)。如今,比特作为衡量信息多少的单位,已经跻身米(m)、千克(kg)、秒(s)等重要单位之列,成了日常生活中最常见的量纲之一。香农用比特作为测量信息的单位。在香农眼中,信息和长度、重量这些物理属性一样,是一种可以测量和规范的东西。

在香农所处的时代,声音和图像尚不能完全被数字化。但是现在,所有文字、语音、照片、视频包括三维立体图像等信息,都实现了数字化。我们就有了一个简单粗暴的方法可以将信息量化,即将信息转化为数字文件,以该文件的大小作为信息的量。这些文件的大小就是用香农创造的比特作为单位的。

可惜,这个方法不正确。比如,大小都是50字节的两个文件,一个是一首诗,含25个字符,另外一个文件是25个随意排列的字符。如果说这两个文件的信息量是相同的,大家会觉得很荒谬。

早在1948年,香农提出了"信息熵"的概念,试图解决对信息的量化度量问题。

我认为,香农的理论只适用于"世界1"的信息,不适用于"世界2"和"世界3"中的信息。"世界1"对应于常规的物质世界,物质世界中的信息主要描述物质的属性,具有客观性,是可以定量的。但"世界2"是人们的意识世界,"世界3"是人类的创造物所包含的思想,这两个世界的信息价值取决于信息内容,而内容是无法定量的。

现在,我们看看香农是如何定量"世界1"中作为物质属性的信息的。

香农从热力学中借用了"熵"的概念,他用"信息熵"来描述信源的不确定度。对于通信系统而言,由于其传递的信息具有随机性,所以定量描述信息应该基于随机事件。

我们已经提过,"熵"是物理学家发明的一个名词,表示系统的"无秩序"程度。熵越大,系统越无序。按照热力学第二定律,大自然会由有序变为无序,即熵会不断增加。香农创造的信息熵表明:一个系统越是有序,信息熵就越低;反之,一个系统越是混乱,信息熵就越高。所以,信息熵可以说是系统有序化程度的一个度量。变量的不确定性越大,信息熵也就越大,把它搞清楚所需要的信息量也就越大。有时为了说明这个问题,我会以画作为比喻:一幅传统画作内容清晰,画的是什么,看的人一目了然,所以信息熵比较低。而一幅抽象的现代派的画作,画的是什么,看的人必须仔细斟酌,这样的画信息熵就很高。

香农在《通信的数学理论》一文中提到,任何信息都存在冗余,而冗余大小与信息中每个符号(数字、字母或单词)的出现概率或者说不确定性有关。通常,一个信源发送出什么符号是不确定的,想要衡量它可以根据其出现的概率来度量。概率越大,出现的机会越多,不确定性越小;反之不确定性就比较大。

例如,在极限条件下,一个信源只发送一种符号,即发送内容是确定的,概率为 100%。此时接收方无法从接收信号中获得任何信息,即信息的量为零。如果一个信息源能够发送两种以上符号,发送方和接收方可以事先约定,符号 0 代表红颜色,符号 1 代表黄颜色,则接收端可以通过接收到的信源符号获取一定信息。

因此,香农提出了用信息熵来定量衡量信息的大小。香农的理论已经成为信息科学的基础,关于信息熵的话题比较复杂,这里就简单举例如下。

甲手中有一个球,他想向远方的乙描述球的信息。假设甲只有黑或白两种颜色的球,那么甲手中球是黑色的概率为 $1/2$,甲手中球是白色的概率也是 $1/2$,我们可以记为:$P(颜色) = 1/2$。

如果甲用二进制信息向乙发出信号说明球的颜色,在事先约定的前提下,只需要一个字节的信息就可以告诉乙球的颜色,

0表示黑,1表示白。

用数学表示,甲手中球的颜色一共有 1/P(颜色),即 1/(1/2)=2 种,甲需要用几个字节的二进制信号向乙发送信息呢?很简单:$2^n = 1/P$(颜色)$= 2$;$N = \log_2 2 = -\log_2(1/2) = 1$。

计算结果告诉我们甲只需一个字节的二进制信号就可以将颜色信息告诉乙。也就是说,这种情况下,如果甲把"手中球是黑色的"这个信息告诉乙,乙获得的信息量为 1 bit。

假设甲可能拥有球的颜色有 1 024 种,甲手中有一个球,甲采用二进制信号向乙发送信息,他最多需要用几个字节的二进制信号才能说清楚手中球的颜色呢?同样的方法:$2^n = 1/P$(颜色)$= 1 024$;$N = \log_2 1 024 = -\log_2(1/1 024) = 10$。

计算结果告诉我们,甲需要 10 个字节的二进制信号才可以将颜色信息告诉乙。

香农将信源的平均不确定性为单个符号不确定性($-\log p_i$)的统计平均值(E)称为信息熵。在信源中,考虑的不是单个符号发生的不确定性,而是要考虑这个信源所有可能情况的平均不确定性。若信源符号有 n 种取值:$U_1 \cdots U_i \cdots U_n$,对应概率为:$p_1 \cdots p_i \cdots p_n$,且各种符号的出现彼此独立。这时,信源的平均不确定性应当为单个符号的不确定性($-\log p_i$)的统计平均值(E),可称之为信息熵,即

$$H(U) = E[-\log p_i] = -\sum_{i=1}^{n} p_i \log p_i \qquad (1-1)$$

式(1-1)中对数一般取 2 为底,单位为比特。但是,也可以取其他对数底,采用其他相应的单位,它们之间可用换底公式换算。

按照香农的设想,我们可以将颜色的平均不确定性,即单个颜色字节数的统计平均值(E)称为颜色的信息熵。如甲手中的球可能有 1 024 种颜色。假设每种颜色出现的概率都是一样的,那

么：$p(i) = 1/1\,024$（i 取值可以从 1 到 1 024），那么关于颜色的信息熵就是：

$$H(颜色) = -\sum_{i=1}^{1\,024} p(i)\log_2(1/1\,024)$$
$$= -(1/1\,024)\log_2(1/1\,024) \times 1\,024$$
$$= 10$$

也就是在这种情况下，如果甲把"手中球是黑色的"这个信息告诉乙，乙获得的信息量为 10 bit。

香农的信息熵概念可以在类似情况中得到广泛应用，可惜的是这些情况都是关于"世界 1"中物体的属性的描述，对于"世界 2"和"世界 3"的信息完全不适用。以"世界 3"为例，信息是很难量化的。比如，一本 200 页的书到底包含了多大的信息量？很难回答。

一篇文章的信息量取决于文章的内容以及读者对于文章的理解而不是字数。一篇一万字的论文所包含的信息量完全可以超过一本十万字的书，但是如果难以被读者理解就毫无意义。一篇文章的信息量没有客观的标准，所以根本不能用数字来定量。

不过，1948 年香农提出了信息熵的概念，并以此作为信息的度量，由此宣告了信息论作为一门独立的科学学科的诞生。近年来，随着计算机技术的发展和信息时代的来临，有关信息论的理论和应用的研究更凸显出其重要意义。比特的出现也引领了电脑和网络、摩尔定律和如今发达的信息产业和互联网产业，为人类社会进入信息时代奠定了基础。

1.5 信息技术的发展

为什么信息时代在 20 世纪才姗姗来迟？答案很简单：非不为也，是不能也。

科学发展使得信息产生、传输和应用效率提升后,信息系统才能得到广泛应用,才能产生巨大的效应。信息传输的模式如图 1-8 所示。

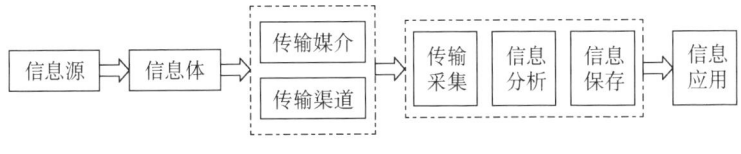

图 1-8　信息传输模式

顾名思义,信息源就是信息的源头,而信息体就是信息的保存形式。举一个例子:

> 郢人有遗燕相国书者。夜书,火不明,因谓持烛者曰:"举烛。"云而过书"举烛"。"举烛"非书意也。燕相受书而说之,曰:"'举烛'者,尚明也,举贤而任之。"燕相白王,王大说,国以治。治则治矣,非书意也。今世学者,多似此类。

这是《韩非子·外储说左上》中的一则故事,翻译成白话文,大意如下:楚国首都郢有一个人写信给燕国相国,由于是在夜晚写信,光线不够明亮,他就对举蜡烛的人说:"举烛"(举起蜡烛的意思)。这样在信中误写上了"举烛"两个字。"举烛"这两个字本来并不是信里要说的意思。燕相看到信中"举烛"二字,很高兴,说:"举烛,就是崇尚清明廉洁,应举荐贤良的人才担任重任。"燕相把这个意思告诉燕王,燕王同意这个观点,并且用这样的方法治国,取得了良好的效果。不过虽然结果很好——治理国家成功了,"举烛"却不是写信人的本意。当代读书人,很多像这样的。

根据这个故事,生出了一个成语——郢书燕悦。形容牵强附会,曲解原意,也形容偶然的原因产生了良好效果。

这是一个信息被曲解的故事,包含了信息传输的各个环节。信息源就是楚国郢都那个写信人脑子里的想法和观点,信息体就是他写给燕国首相的信。有意思的是,在这个故事里信息体所包含的信息和信息源已经不完全一致了。楚国人并没有想表达"举烛"的意思,但是不经意在信息体中写下了这个词。信息渠道就是路,而信息媒介就是送信的人。当这封信被收信人读到后,收信人阅读理解的过程就是接收信息的过程,收信人把信中内容告诉国王,就是信息应用的过程。

当今社会,信息产生、传递和应用的全过程和古代相比发生了天翻地覆的变化,效率大大提升,我们才迎来了信息时代。

1. 信息源

信息源,顾名思义,就是信息产生的源头。信息的来源,就是我们所面对的世界。再次回顾波普尔的构想,作为信息源的世界有三个:"世界1""世界2"和"世界3"。

世界1:所有具备质量的物体、物质以及场。

世界2:由人的思想、意识或无意识状态所构成。

世界3:人类思想的产物。

我们可以发现,随着人类社会的发展,信息源也在急剧扩大着。

(1)"世界1"产生的信息源

如果没有人类创造和探索,自然界将保持天然的状态,外界能见到的只是天然形成的,而且呈现在表面的有形物体。

人类具有探索精神,随着科技进步,不断拓展认知空间,人类深入考察地球各个区域,也积极访问外太空,从而不断发现各类物体和现象,丰富了我们的知识圈。

人类也善于创造,一方面我们发明了具体的物品,创造了各种新物体形式;另一方面我们创造了很多工具,用于建设并提出探索大到宇宙、小到基本粒子的环境和方案,发现了很多有形或者无形的物质和现象,从而全方位地了解我们所处的空间以及各类物质形态。

总之,人类的发明创造和探索求知极大地扩大了信息的范围。从理论上来说,几乎全部宇宙都可进入我们视野,成为我们的信息源泉。

(2)"世界2"产生的信息源

"世界"2是人的思想。由于每个人都有自己的知识、经验以及独特的想法和观念,随着社会的发展,人口的增加,世界的思想总量是增加的。当个人获取信息的途径越多,那么产生新思想的概率也就越大。更重要的是,随着科技的发展,人们交流沟通的渠道会越来越畅通,每个人表达自己思想的途径也更加广泛了。每个人的思想成为信息源的可能性也在大幅增加。

(3)"世界3"产生的信息源

"世界3"是人类思想的产物。这些产物全部属于信息范畴。

一位作家写了一部小说,印刷成了书。这本书已经是"世界1"的物体了,书本上的文字、油墨也是"世界1"的一部分。但是这本书所具有的内涵属于"世界3"的范畴。"世界3"的主体就是信息。

现在,作为人类思想的产物,音乐、图片、视频和文字基本实现了数字化,可以转化为数字格式在网络上传播,它们的存在已经不需要特定的实物来支撑。

实践证明,信息的数字化不仅能够更有效率地保存信息,而且促进了信息的繁荣。以歌曲为例,当歌曲刚刚开始数字化时,由于难以阻止非授权使用(俗称"盗版"),导致正版歌曲碟片的销量下降,有的歌手因此宣称,数字化会导致音乐走向死亡。实际却相反,歌曲数字化发展的结果恰恰促进了音乐的繁荣。这是因为,歌曲数字化大大促进了歌曲的推广效率,产生了两个可喜的局面:一方面,民间业余歌手和词曲作家大量涌现,他们的作品得到了广泛传播,从而产生大量的新作品,实现了音乐新作品、新形式的井喷。

另一方面,歌曲数字化有利于作品被用于更多的场合,类似手机铃声等新的应用方式层出不穷,给了歌曲创作者和演唱者广泛的收入来源,进一步推动了音乐创作。虽然歌曲碟片的销量可能有所下降,虽然好的歌曲,根据不同场合,每首歌的收费并不高,但是由于歌曲的推送效率高,应用场合多,歌曲的播放量会很高,因此受欢迎的歌曲给创作者和演唱者带来的收入将大大高于碟片热销带来的收入。

同样的可喜局面也产生在其他领域。无论是图片、视频还是文学创作,数字化大大拓展了作品的应用范围,好的作品得到了前所未有的关注,从而使创作者获得了更高的收益。这便促进了相关领域的良性循环,更多优秀的作家和作品因此涌现。

总之,人类文明发展的进程实际上就是信息积累的进程。所有已经积累的信息都是我们信息源的重要组成,是我们文明进一步发展的基础。

2. 信息体、信息传输媒介和传输渠道

要让信息产生更大的影响力,首先必须解决信息保存和传播的问题。信息传播存在时间和空间两个维度,空间维度指的是将信息从一个位置传递到另一个位置。时间维度是把信息从一个时间传输到下一个时间。

信息体就是信息保存的物理形式。信息以更好的方式被保存下来是为了让信息能够更有效地传播,从一个地点传到另一个地点,从现在传到将来。

然而,信息传输媒介和传输渠道受制于信息体。随着信息科技的发展,信息体的形式越来越多样化。随着信息数字化,信息传输的效率发生了天翻地覆的提升。

如果这个世界没有人类,对于动物来说,它们面对的信息体只有事物和动作,比如蜜蜂可以通过舞蹈指示同伴采蜜的方向。动物也许可以通过简单的音节表达特定的意思,但是恐怕很难说动物之间存在成熟的语言。

人类的第一个突破就是用语言来传递信息。人类不仅用语

言传递实用的信息,更用语言传递自己的思想和创作,很多民间传说、诗歌都是通过口耳相传保存到了今天。不过,很显然,利用语言长距离(包括空间和时间)传递信息必须依靠人的转述,信息保存的完整度依赖于信息接收者的记忆。转述人的理解和记忆都有可能破坏信息传输的可靠性。因此,用语言传递信息缺乏稳定性。

后来,人类发明了文字和书写工具,用图画和文字传递信息从而保证了信息传递的稳定性和可靠性,实现了信息保存和传输方案的第二次突破。

无论是语言,还是图画以及文字保存的信息,要实现信息在空间的转移,除了少部分可以用动物来帮忙传输,比如利用信鸽来送信,大部分还是需要人来传达。人传达信息必须依靠道路。在这个过程中,信息体是语言、图画和文字,信息媒介是人,信息渠道是道路(包括水路)。如果道路通不到的地方,信息就很难到达。白居易在《长恨歌》的后半段描述了一个神话,杨贵妃来到了一个仙岛上,而唐玄宗依然很思念她。但是由于大海的阻隔,唐玄宗也只能望洋兴叹了。

我国古代四大发明造纸、印刷术、指南针和火药,其中造纸术和印刷术是写作和制作书籍的基础,而指南针是人寻找方向的工具,帮助人们更快到达目的地。四大发明中有三项和信息传播密切相关。

总的来说,在古代,信息空间传输的速度取决于道路情况和传递信息的人的工作态度。遇到特殊情况,信息甚至无法被传输,杜甫才会有"烽火连三月,家书抵万金"的感叹。可见,信息空间传输的效率是不高的。

直到19世纪,科技发展使得信息保存和传播方式发生了根本性的变化,形成了信息保存和传输方案的第三次突破。这个突破首先表现在信息体的变化方面,信息实现了电子化,从电子化发展到数字化,信息就能够利用电磁波在空中和网络中传送

了,实现了有效保存和快速传递。在整个过程中,科技的发展发挥了不可替代的作用,具体表现在:

(1) 通信技术的发展促进了信息传输,使其基本实现了稳定性、实时性。

(2) 以集成电路生产为标志的半导体产业飞速发展,促进了信息科技的进步,从而推动了信息保存、传输和应用效率的变革与进步。

1) 通信技术的发展

通信技术的发展目标是保证信息能够长距离传输,并满足速度、可靠性与有效性方面的要求。这一切随着电磁科学的发展成为现实。

1800年,意大利物理学家伏打(Alessandro Volta,1745—1827)给英国皇家学会写信,信中描述了他发明的第一个电池——电流可以从中源源不断地产生,由此打开了19世纪电学应用的大门。在电学时代,人们开始研究如何用电信号传送信息,从而在通信领域产生了根本性的巨大变革。

现在,人类实现了利用金属导线、光纤来传递信息,也实现了不用导线连接,直接利用电磁波来进行无线通信。人类的信息传递已经脱离旧时依靠人传递的视觉、听觉方式,用电信号作为新的载体,带来了一系列技术革新,开创了人类通信的新时代。在这个过程中,很多伟大的科学家做出了杰出贡献。

1837年,美国人塞缪乐·莫尔斯(Samuel Morse)成功研制出了世界上第一台电磁式电报机。他利用点、划、空适当组合的代码表示字母和数字,设计了后来称为莫尔斯电码的通信符号,将信息转换成一串或长或短的电脉冲传向目的地,再转换为原来的信息。1844年5月24日,莫尔斯在国会大厦联邦最高法院会议厅用"莫尔斯电码"发出了人类历史上的第一份电报,从而实现了长途电报通信。

1864年,英国物理学家麦克斯韦建立了一套电磁理论,预言了电磁波的存在,说明了电磁波与光具有相同的性质,二者都是以光速传播的。

1875年,苏格兰青年亚历山大·贝尔(A.G.Bell)发明了世界上第一台电话机,并于1876年申请了发明专利。1878年,在相距300 km的波士顿和纽约之间进行了首次长途电话实验,并获得了成功,后来贝尔成立了著名的贝尔电话公司。

1888年,德国青年物理学家海因里斯·赫兹(H. R. Hertz)用他制作的十分简单而又非常有效的电磁波探测器——谐振环,进行了一系列实验,发现了电磁波的存在,他用实验证明了麦克斯韦的电磁理论。这个实验成为近代科学技术史上的一个重要里程碑,导致了无线电的诞生,也促进了电子技术的发展。

1901年,意大利人马可尼(Guglielmo Marconi)成功实现了横跨大西洋的无线电通信。从此,传输电信号的通信方式得到了广泛应用和迅速发展。

自二十世纪二十年代起,通信建设和应用广泛发展,开始利用铜线实现市内和长途有线通信,又利用短波实现远距无线通信和国际通信。

三四十年代起,利用铜线传输载波电话,使长途通信容量加大,电信号的频分多路技术开始步入实用阶段。

五六十年代起,半导体晶体管开始在电子电路中替代电子管,电子产品进入集成电路技术以及超大规模集成电路的时代。人类社会开始建设最早的公用电话通信网。

六十年代起,电子计算机应用增多,数据通信开始兴起,电话编码技术得到应用,模拟通信开始向数字通信过渡。

七十年代起,玻璃光纤拉制成功,导致传输网络从电缆通信向光纤通信过渡。地球同步轨道运行的通信卫星发射成功,卫星通信开始在国际通信和电视转播方面做出贡献,也经常在特殊地理环境下作为有线接入技术的替代与补充。

八十年代起,各种信息业务应用增多,通信网络开始向数字网发展。电信号的时分多路技术(PDH 和 SDH)走向成熟,公共电话交换网(PSTN)逐渐得到普及,交换方式发展出新的类型(ATM)。蜂窝网等各种无线移动通信业务向公众开放,使个人通信得以迅速发展。第一代模拟移动通信网的代表技术为 AMPS。

九十年代起,国际互联网(Internet)在全世界兴起,在吸引众多计算机用户踊跃上网的同时,也吸引人们更多地使用计算机。人们仅需支付低廉的费用就可以在网上快速实现国内和国际通信并获取各种有用的信息。从此,通信网络的数据业务量急剧增长。这使得以互联网协议(IP)为标志的数据通信,在通信网络逐渐占据更为重要的地位。同时,在光纤通信技术中,波分复用技术(WDM)取得成功,与电信号的时分复用技术(TDM)相结合,线路的传输容量显著增大,足以适应通信业务量急速增长的需要。

在无线传输方面:

1G(实现语音通话)移动网络在二十世纪八十年代初投入使用,它具备语音通信和有限的数据传输能力(早期能力约为 2.4 kbps)。1G 网络利用模拟信号使用类似 AMPS 和 TACS 等标准在分布式基站(托管在基站塔上)网络之间"传递"蜂窝用户。

在二十世纪九十年代,2G 移动网络(实现消息传递)催生出第一批数字加密电信,提高了语音质量、数据安全性和数据容量,同时通过使用 GSM 标准的电路交换来提供有限的数据能力。二十世纪九十年代末,2.5G 和 2.75G 技术分别使用 GPRS 和 EDGE 标准提高了数据传输速度(高达 200 kbps)。后来的 2G 迭代通过分组交换引入了数据传输,为 3G 技术奠定了发展基础。

二十世纪九十年代末和二十一世纪初,通过完全过渡到数据分组交换,引入了具有更快数据传输速度的 3G 网络(能够传递有限数据：多媒体、文本、互联网），其中一些语音电路交换已经是 2G 标准，这使得数据流成为可能，并在 2003 年推出了第一个商业 3G 服务，包括移动互联网接入、固定无线接入和视频通话。3G 网络现在使用 UMTS 和 WCDMA 等标准，在静止状态下将数据传输速度提高到 1 Gbps，在移动状态下提高到 350 kbps 以上。

2008 年，很多国家推出 4G 和 LTE（真实数据：动态信息接入，可变设备）网络服务，充分利用全 IP 组网，并完全依赖分组交换，数据传输速度是 3G 的 10 倍。由于 4G 网络的大带宽优势和极快的网络速度提高了视频数据的质量。LTE 网络的普及为移动设备和数据传输设定了通信标准。LTE 正在不断发展，目前正在发布第 12 版。"LTE-A"的速度可达 300 Mbps。

目前，全世界正积极推广 5G 技术。5G 频谱的选择和网络使用环境将决定数据传输的速度、容量和延迟。例如，5G 毫米波可以在无限制的特定条件下为固网提供难以置信的高速网络，但在小区边缘这一速度将很难维持。5G Sub-6 的速度低于毫米波，但可以提供广域覆盖，且不受环境因素的干扰。目前，5G 技术正在全球范围内进行研发，有关机构依据各种因素最终决定了 5G "标准"，从而确定了 5G 的技术能力和应用范围。

在通信技术发展的征程中，各类信息逐步以数字数据方式传播，取代了原先模拟数据方式，这也是一个显著的进步。

模拟数据在时间上和幅度取值上都是连续的，其电平随时间连续变化。例如，传统的语音和视频图像是典型的模拟信号，其他由模拟传感器接收到的信号如温度、压力、流量等也是模拟信号。数字数据在时间上是离散的，在幅值上是经过量化的，它一般是由 0、1 的二进制代码组成的数字序列。在通信系统中，模拟数据表示的信号被称作模拟信号，由数字数据表示的信号被称作数字信号。

模拟数据一般采用模拟信号（analog signal）通过传统的模

拟信号传输线路(如电话网、有线电视网)来传输信息。数字数据采用数据信号通过数字通信网来传输信息。

很显然,由于二进制数字通信网只需要传输 0、1 这两个离散的数据,抗干扰性强,受噪声的影响小(即使有噪声,也可以使用电子电路过滤掉较小杂音电压),而且数字数据更容易用数字电路进行处理,有更广泛的应用前景。

采用模拟信号传输网络,由于模拟数据的取值有非常多的可能性,电信号在沿线路的传输过程中可能受到外界的和通信系统内部的各种噪声干扰,噪声和信号混合后就难以分开,从而使得通信质量下降。线路越长,噪声的积累也就越多。模拟信号的稳定性和可靠性难以得到保证。

因此,随着信息科技的发展,数字化和网络化已经成为各类信息采集设备和工具的生产标准。数字化指的是采集的信息以数字方式记录、传输和保存。网络化指相关设备和工具能够直接连接到常用的有线或者无线网络中,将采集到的信息直接传输到数据中心。各类信息采集设备和工具实现数字化和网络化,为建立统一的信息管理中心,实现信息集成管理和应用奠定了技术基础。

各类信息设备的数字化和网络化在某种程度上打破了布控区域和设备扩展的地域和数量界限。系统网络化实现了整个网络信息系统硬件和软件资源的共享以及任务和负载的共享,从而让各类信息系统实现融合成为可能,各类信息系统有机结合,能够在信息管理、数值计算、过程控制和科学决策等领域发挥更强大的作用。

2) 集成电路技术的发明

集成电路(integrated circuit)是一种微型电子器件或部件。采用一定的工艺,把一个电路中所需的晶体管、电阻、电容和电感等元件及布线互联起来,制作在一小块或几小块半导体晶片或介质基片上,然后封装在一个管壳内,成为具有所需电路功能的微型结构；其中所有元件在结构上已组成一个整体，使电子元件向着微小型化、低功耗、智能化和高可靠性方面迈进了一大步。

集成电路的基础是晶体管。1948年是信息时代具有里程碑的一年。当年，贝尔实验室对外宣布他们研发出了一种全新的小型电子半导体器件。据说这是一种"出奇简单的设备"，可以完成任何真空管能够完成的工作，而且效率更高、体积更小、更容易集成，小到巴掌大面积的设备里也能容纳数百个。同年5月，科学家们专门组织了一个委员会来为这个发明命名，委员会给贝尔实验室的所有高级工程师都发放了选票，经过投票和统计，最后"晶体管"这一名称脱颖而出。

transistor(晶体管)这个单词是由 transconductance(跨导)和 varistor(压敏电阻)两个单词合并而成的，成为这个新型半导体器件的正式名称，并沿用至今。

贝尔实验室在当年的新闻稿中曾自豪地宣布：它(晶体管)可能将对电子和通信行业产生意义深远的影响。

今天看来，这个说法毫不为过。晶体管引发了电子技术的科学革命，为半导体技术的微型化和普及开辟了道路，可以说晶体管在各行各业都发挥着巨大作用。晶体管的发明者，肖克利(William Shockley)、巴丁(John Bardeen)和布拉顿(Walter Brattain)三人也因此荣获了1956年的诺贝尔物理学奖。

在这个基础上，1958年美国德州仪器公司展示了全球第一块集成电路板，这标志着世界从此进入集成电路的时代。

集成电路具有体积小、重量轻、寿命长和可靠性高等优点，同时成本也相对低廉，便于进行大规模生产。

英特尔(Intel)公司创始人之一的戈登·摩尔(Gordon Moore)曾经提出摩尔定律，其内容为：当价格不变时，集成电路上可容纳的元器件的数目，约每隔18～24个月便会增加一倍，性能也将提升一倍。换言之，每一美元所能买到的电脑性能，将每隔18~24个月翻一倍以上。这一定律揭示了信息技术进步的速度。

摩尔定律只是一种观测或推测,自从1965年摩尔提出后,半个世纪以来,这个定律被证明是基本正确的。以常用电脑为例,一般情况下,电脑硬盘的平均价格以每年25%的速度下降,中央处理器(CPU)的平均价格则以每年40%的速度下跌。近几年,由于原材料和人工成本的上升,价格下降趋势不明显。

2002年年底,英特尔公司正式在全球发布含HT超线程技术的新款奔腾4处理器,主频为3.06 GHz,是第一款采用当时业界最先进的0.13 μm 制造工艺、每秒计算速度超过30亿次的量产微处理器。

2018年,市场上普通电脑CPU的运算速度为:酷睿i7-2600是每秒1 124亿次运算,酷睿i3-2300每秒256亿次运算,E2140是每秒128亿次运算,酷睿i5-2310是每秒495亿次运算。

2018年,普通电脑的CPU运算速度相对于2002年最先进的计算机,提升了数倍到数十倍。

硬盘的性能和价格也有这样的趋势。20多年来,单个硬盘的容量扩大了1 000倍,而每GB容量的硬盘价格也下降了1 000倍,如表1-3所列。

表1-3　20多年来硬盘容量和价格的变化情况

年份	常用单个硬盘容量大小	每GB容量硬盘的价格
1995	200~400 M	>4 000元/GB
1996	1.2~2.1 GB	1 500~2 000元/GB
1998	1.2~2.1 GB	200~250元/GB
2000	4.3~6.4 GB	40元/GB
2002	10~20 GB	20元/GB

(续表)

年份	常用单个硬盘容量大小	每GB容量硬盘的价格
2004	40~80 GB	6.9元/GB
2005	80~160 GB	4.5元/GB
2006	80~250 GB	3.8元/GB
2008	160 GB~1.5TB	0.8元/GB
2010	500 GB~2 T	0.6~0.7元/GB
2012	500 GB~2 T	0.8元/GB
2014	1~4 TB	0.15~0.5元/GB
2016	1~6 TB	0.15~0.5元/GB
2018	1~10 TB	0.15~0.5元/GB

实际上，由于摩尔定律是关于半导体芯片发展速度的规律，而半导体芯片又是所有电子产品的基础，各个领域的电子产品的质量随着芯片的发展而提高。电子产品的发展又促进工业设备的发展，提高生产工艺、降低生产成本，从而带动各个产业的发展。

比如网线，六类网线带宽250 MHz，支持千兆（1 000 Mbps）速率的传输；超五类网线带宽155 MHz，支持百兆速率的传输。现在六类网线生产成本下降，促进了六类网络的普及，提高了网络传输速度和效率。

1995年，我们通过电话调制解调器上网，网络传输速率为2.4 kbit/s。20年后，中国推广光纤入户，网络传输速率可以达到100 M带宽，下载速度可达到12.5 Mbit/s；速度提升了5 000倍。

我们之所以重点以硬盘容量、价格以及CPU运算速度举例，只是因为它们和信息系统关系密切：单个硬盘容量的扩大，意味着在不增加环境空间体积的前提下，硬盘保存的信息量越多,而硬盘价格的下降,也降低了信息保存的成本;CPU运算速度的提高,让大数据分析、汇总的速度加快,大大提高了复杂运算的实用性。

3. 信息分析与应用

人通过五官感知世界获取信息,再经过大脑的计算和分析,根据大脑得出的结论采取行动,这个过程就是采集并响应信息的过程,也就是说人本身就是一个非常有效率的信息系统。

不过,信息技术飞速发展,对人类分析和应用信息的能力发起了挑战。一方面,信息的更新速度在以人类阅读能力的几何倍数级增长;另一方面,在如今的物联网、大数据时代,我们的大脑已经难以招架海量的数据,更别说对这些数据进行准确的分析判断,从中寻找所要的答案。

未来,可能更多地依赖以计算机为核心的信息系统帮助我们科学决策。诚如我们已经讨论过的,计算机的运算速度遵循摩尔定律在飞快增长,人类望尘莫及。我们再以运算速度最快的超级计算机为例:1945年,世界上第一台电子计算机ENIAC能在一秒内完成5 000次定点的加减法运算。

现在,TOP 500组织于每年的6月和11月会在Top500网站发布全球性能最强的500台超级计算机排名。2018年11月发布的世界上性能最强的10台超级计算机中,美国占了5台,中国占了2台。瑞士、日本和德国各占一台。中国的两台超级计算机分别是排名第3的,位于无锡的"神威·太湖之光",以及排名第4的,位于广州超算中心的"天河二号"。2018年排名第一的超级计算机是IBM公司的"Summit",浮点运算速度为每秒143.5千万亿次。对照2014年的排名,中国国防科技大学研制的"天河二号"超级计算机,以每秒33.86千万亿次的浮点运算速度,摘得当时全球运行速度最快的超级计算机桂冠。从2014年到2018年,四年的时间,计算机最快运算速度翻了四倍,基本满足摩尔定律。

此外，随着信息科技的进步，尤其是硬件计算速度的提升，大大提高了信息系统处理复杂软件的能力。基于云计算、大数据和人工智能的各类软件产品和技术蓬勃发展，促进了信息系统应用新技术的繁荣。

综上所述，正是由于科技的发展，我们迈入了信息时代。信息在作业处理、管理控制和决策分析各方面都有广泛的应用，在各个领域全面实现数字化，体现了高层次、高效率和高价值。

1.6 信息与人类历史

信息是人类认识事物的基础，在人类社会的发展进程中，信息的作用是显著的。人类的进化史就是人类掌握信息、运用信息能力的进步史。以生产方式为依据，我把迄今为止的人类历史进程分成四个时代，从远古至今分为采集时代、农业时代、工业时代和信息时代。

人类历史开始于史前文明时期，这个时期是人类适应自然环境、逐步战胜其他生命并在地球上占据统治地位的时期。这个时期离我们太久远了，很多资料湮没在历史长河中，我们只能依靠化石及有限文物猜测当时可能发生的故事。

现代科学认为，人类在 20 万年前已经出现在东非，大约在 10 万多年前，开始从东非向四周迁徙。人类的祖先大约在 5 万年前到达南亚，4 万年前到达澳大利亚、中国和欧洲，3 万年前（也有人认为是 1.4 万年前）到达美洲。现在考古学家们认为，目前最常见的谷物和蔬菜的历史，都开始于一万年前。所以，我们猜测，在一万多年前，人类和其他动物一样靠采集自然的食物为生。

地球的体积是有限的，地球上的资源是有限的，如果在人类产生的初期，人类和其他动物一样依靠采集植物、捕猎其他动物为食，维持个体生存所需的能量。那么，在生存过程中，人类必须和其他生物竞争,争夺有限的食物和水。

大自然的生产效率并不高,《圣经》中说,神叫日头照好人,也照歹人;降雨给义人,也给不义的人。阳光雨露并不能完全转化为食物,大部分能量流失了。人类聚集在一个地方,繁衍数量过多,或者气候变化导致自然食物收成降低,当地不能负担过多的人口,部分人就不得不向其他地域迁徙以寻求新的资源。人类在迁徙过程中,不断与其他动物竞争。不过,随着人口增加,在采集时代的后期,自然界的食物已经不能满足人类的生存需要。

在史前文明时期,社会竞争主要是人类和其他动物争取自然资源的斗争,当然人和人之间也可能为了争夺食物而发生战争。在与其他动物的竞争中,人类获得了胜利。我在本书第2章中会谈到人类获胜的原因,在这里我想先着重谈谈信息的作用。相对于其他动物,人类拥有更强的信息处理能力。这首先表现在对于信息的分析能力方面。

研究发现,人类的大脑比动物的大脑拥有更多的神经元。苏联生理学家、心理学家、医师、高级神经活动学说的创始人,高级神经活动生理学的奠基人巴甫洛夫认为,大脑皮质最基本的活动是信号活动,从本质上可将条件刺激区分为两大类:一类是现实的具体的刺激,如声、光、电、味等刺激,称为第一信号;另一类是抽象刺激,即语言文字,称为第二信号。人类大脑内部的高级神经系统能进行更加特殊的思维活动,包括形象思维和抽象思维。动物只能对直接作用于感觉器官的刺激做出回应,在第一信号系统的范围内活动。而人却可以对于刺激信号做出更深层的反应,在第二信号系统中活动。

所以,人类拥有比动物更高级的信息处理能力,能够更有效地利用信息认识事物、解释事物发生与发展的原因、解决现实中存在的问题。

此外,人类发明了语言,拥有更强大的信息沟通能力。

我们的祖先，智人大约在 15 万年前离开非洲，开启了征服地球之路。现代人类学家和考古学家分析了智人的身体结构和基因编码后，认为智人在 20 万年前就能够使用语言。这也说明了在漫长的迁徙过程中，语言是人类的一个有力工具。

语言的功能主要分为社会功能和思维功能两方面，其中社会功能包括信息传递功能和人际互动功能。有了语言，人们就可以有效传递信息，可以互相传授经验；同时，人们有机会建立共同愿景，实现合作与群居。

在史前文明期（即采集时代）的后期，人类在与其他生物竞争的过程中，同样通过观察和思考，渐渐掌握了种植和养殖技能，因为组织生产能够获得比自然生长更多的成果，人类的生存方式逐步从靠自然界采集食物过渡到自己生产食物。于是，人类开始定居并慢慢建立起了城市，学会保护生产环境，进入利用生产维持自身发展的阶段，渐渐摆脱与其他生命体直接竞争的命运。

考古学家发现，大约在公元前 40 世纪（甚至更早），埃及出现了世界上最早的城市：孟菲斯（Memphis）和底比斯（Thebes）。中国的夏王朝成立于公元前 21 世纪。

一块土地如果由大自然控制，任其自然生产，一般来说不可能只产出对人类有用的农作物，很有可能还会长出对人类无用甚至有害的植物。而当人类通过农业生产来充分发挥土地的效率，让土地只产出对人类有用的东西时，当然就提高了食物的产量，保证了更多人的生存需要，进而也促进了人口增长。我把人类历史的第二时期称为农业时代。

在这个时期，人类的主要竞争对手已经不是动物了。对于人类生存会造成威胁的动物越来越少了，一部分对人类有用的动物被驯化，并成为人类的工具和朋友。

当时，影响人类生存的主要是自然环境变化所导致的生产效率下降，以及因环境恶化而产生的瘟疫和疾病。现代历史学界已经注意到了环境气候变化与战争导致王朝更替之间的密切关系。其根本原因在于气候变化导致农业生产效率的下降,导致粮食产量不能满足人类生存的需要,从而迫使人类为了生存而发动战争去掠夺食物。

在农业时代,为了更有效率地生产食物,人类需要肥沃的土地以及充裕的劳动力。由于对土地资源和劳动力的依赖非常严重,为了掠夺有限的土地资源和劳动力,各民族和文明之间时常发生战争,这种状况一直持续到了19世纪工业时代。

幸运的是,在农业时代,信息被采集、创造和积累。信息的积累,从量变到质变,从而推动人类社会发生了多次技术和人文思潮革命。人类迎来了工业时代。

在工业时代,人类利用能源发明了很多机械设备,从而大大提高了生产效率。各种工具和技术的诞生,提高了人类抵抗自然灾害的能力;机械设备的使用、生物技术的应用、化学技术的发展提高了农业生产效率,提高了农产品的使用效率,使用有限的土地养活了更多的人,极大降低了人类对土地的扩张需求。

从这个时候起,人类生存的威胁主要来自能源匮乏和环境污染。首先,由于对能源的开采和使用破坏了环境,从而有可能引发人类无法抵御的自然灾害。其次,因为人类的生产和生活耗费了大量的能源,有可能导致地球能源枯竭。最后,各民族和文明之间的竞争也从土地资源的争夺改变为能源争夺,依然可能导致残酷的战争。

好在,和农业时代一样,在工业时代,信息仍然在继续积累着,知识、经验在积累,价值观在改变,人类社会的进步和发展越来越显著。

更为重要的是,随着科技的发展,信息积累和传递的方式越来越多,效率也越来越高,信息积累的速度在提高,人类社会的发展速度也在提高。知识爆炸产生于信息积累。人类收集信息、分析信息的能力越强,人类的学习能力就越强。信息交换的渠道越畅通，信息交换的频率越快，人类的合作基础就越稳固。如今，我们进入了信息时代。若说工业生产的重要功绩是用大量的机械设备替代人们的体力劳动，提高了生产效率，降低了损耗。那么在信息时代，我们使用"信息"也能达到提高生产效率、降低损耗的目标。信息让地球资源满足了更多人的生活需求。比如，信息让生产商及时掌握市场需求，从而根据市场需求安排生产，降低被市场淘汰产品的生产量，从而提高了生产商的工作效率。又比如，信息让生产商学会了新工艺、新技术或者新的管理方法，从而使有限的资源生产出了更多产品，提高了能源的利用率。

但这些应用还不是信息在这个时代最重要的贡献。在信息时代，信息是可以无限复制的资源，信息可以比较方便地被复制和存储，以及被分享，可以不受时间和空间的限制利用各种媒介进行传递，如果我们能够利用信息提高生产效率，地球就有可能进入一个高产与合作的时代。

1.7　人类文明的传承

人类文明发展史，本质上就是信息积累和运用的历史。

司马迁说："天下熙熙，皆为利来；天下攘攘，皆为利往。"名利可能是很多人永恒的追求。不过很可惜，个人积累的财富和地位是不可能一代代传承下去的。

秦始皇统一六国后，建立了秦朝，自称"始皇帝"。他的计划是让自己的儿子继承皇位后称为"二世"，然后"三世""四世"……子子孙孙一代代继承下去，没想到的是，秦朝才传到二世，就灭亡了。

秦始皇统一六国的时候，恰如贾谊在《过秦论》中描述的："振长策而御宇内，吞二周而亡诸侯，履至尊而制六合，执敲扑而鞭笞天下，威振四海。"真是声名显赫，威风凛凛。但是，我们应该看到,以秦始皇的崇高地位和实力,都无法保证权力和财富顺利传承,普通人更做不到。

人类的生产成果也不是世世代代都能够传承下去的。比如今年种的粮食获得了丰收,人们消费了一部分,剩余的存储在仓库里。但是随着时间的推移,这些保存着的粮食一部分在农作物歉收的年份被消费了,另一部分可能因腐烂而损耗了。这些粮食不可能一直积累着。

至于用品,从古到今,真正还具有使用价值的,且被保留下来的物品其实并不多。很多古代文物只能作为信息的传承者被用于研究。现代工业,每个产品都有使用寿命。传承物品,在实用的层面毫无意义。万里长城的确是在战国末期就开始建造了,但我们如今能够看到的长城都是已经重修过多次的,今天攀登的其实都是明长城。

曹雪芹的《红楼梦》中有一首《好了歌注》:"陋室空堂,当年笏满床;衰草枯杨,曾为歌舞场。蛛丝儿结满雕梁,绿纱今又糊在蓬窗上。说什么脂正浓,粉正香,如何两鬓又成霜?昨日黄土陇头送白骨,今宵红灯帐底卧鸳鸯。金满箱,银满箱,展眼乞丐人皆谤。正叹他人命不长,那知自己归来丧!训有方,保不定日后作强梁;择膏粱,谁承望流落在烟花巷!因嫌纱帽小,致使锁枷扛;昨怜破袄寒,今嫌紫蟒长。乱哄哄,你方唱罢我登场,反认他乡是故乡;甚荒唐,到头来都是为他人作嫁衣裳!"

这首诗描绘了农业时代家庭生活的变化,"旧时王谢堂前燕,飞入寻常百姓家"。财产和物质积累都无法世代传承。那么,人类社会究竟在传承些什么呢?

仍以长城为例,虽然我们现在看到的长城是明朝修建的,但是"长城"的概念却是从秦朝流传下来的。

真正在人类社会积累着的是信息。由于语言和文字具有传承性,信息就这样一代代积累着。在古代,新的知识、经验或者观点产生后,如果有价值,就被传递或者记录,通过语言和文字在空间和时间中传播。

总的来说,随着时间的推移,只要人类社会一直存在,信息总是递增的。这些信息包括知识、经验和价值观等。有时候,因为时间或者战争,一些书籍散失了,一些知识和经验也消失了。不过,只要这个民族或者文明没有灭绝,大量知识、经验等就能通过口耳相传,被后人继承。随着社会的稳定,信息会被重新收集,信息就这样传承下来了。

所谓文明,就是信息的积累。信息由量变到质变,推动了社会发展。每个人留下的信息就像一个个小水池,有些小水池干涸了,但有些会和其他水池合并成池塘。水流越积越多,池塘水就可能冲破阻碍,成为小溪流。从古至今,无数小溪流在奔腾,终于在信息时代汇聚成了汪洋。

我国古代,早就对"不朽"有所参悟。相传春秋末年鲁国史官左丘明编写的《左传》中就谈到了什么才是不朽的。在《左传·襄公二十四年》中记载了春秋时鲁国大夫叔孙豹的言论:"太上有立德,其次有立功,其次有立言,虽久不废,此之谓不朽。"即只有"立德""立功""立言"是不朽(指永不磨灭)的。

"立德"指树立道德规范和榜样,"立言"指阐述道理,二者无疑都是信息。"立功"是为社会做贡献,虽然有实际的功绩,但是传承的依然是信息。所谓不朽,指的是英雄事迹长久被世人歌颂。

每一个人留给后代的东西中,只有两样有可能被长久保存,那就是基因和信息。在人类几十万年的发展进程中,一代代从最初传递到今天也只有基因和信息。基因保存着我们的生物特征,信息记录了文化特征。文明的延续,就是遗传基因、传承信息。

第 2 章　信息与人生

2.1　人类存在的意义

我们经常可以听到"人生终极三问"的说法，所谓人生终极三问就是：你是谁？你从哪里来？你往何处去？这三个问题实质上是讨论每个人自我意识的本质——每个人的自我意识是怎么产生的，以及人生的目的和意义。这些既是科学问题，也是哲学问题。

很显然，讨论"你是谁"和"你从哪里来"是为了解决"你往何处去"这个问题的。人生终极三问体现的是每个人对现实的迷惘，我来到这个世界上，究竟应该做些什么？怎么做？

如果，我们能够准确回答"你是谁"和"你从哪里来"这两个问题，我们就可以准确掌握自己的处境，明确知道自己存在的价值和意义，也就能够坚定地走自己的生活道路。

很可惜，现代科学虽然已经基本了解人类的起源和迁移途径，但是仍然没能解决关于自我意识的所有问题。当今的科学还不能告诉每个人"你是谁"和"你从哪里来"，所以从这个方向，讨论每个人的生存价值和生活目标，条件尚不完备。

换一个思路，首先讨论一下这个问题：相对于动物，人类的存在有什么价值和意义？

说起人类对于地球的贡献，我相信环境保护主义者们的评价不会很高，他们中甚至有些激进人士会认为人类是地球的"癌细胞"——随着人类的发展，部分物种由于被肆意捕杀而灭绝了，地球环境被污染。他们认为，人类改变了地球生态，最终会让地球不堪重负，促使地球更早地走向衰亡，导致所有生命毁灭。

真的会是这样吗？

为了说明这个问题，很简单，我们只需假设，如果一直没有人类或者其他各种智慧生命，地球会怎样，宇宙又会怎样？地球和宇宙会变得更好吗？

也许，那些环境保护者可以到火星上去看看。现在的地球，真的不如火星吗？

现代科学研究表明，地球已经存在46亿年了。地球系统由简单到复杂，在发展过程中产生了生命。澳大利亚西部瓦拉伍那群中35亿年前的微生物可能是地球上最早的生命证据。而人类的历史只有500万年。也就是说，在人类出现在地球舞台上之前，地球约有46亿年的历史是没有人类的。那些时候，对于地球上的生命来说，地球是天堂吗？

恰恰相反，自从地球上出现生命以来，生物的演变发展进程也可谓多灾多难，从地质考古学上来看，生命进化史上从4.4亿年前的奥陶纪末期到现在，不到5亿年的时间里，地球上已经至少发生过五次生物大灭绝事件。引发生物大灭绝的原因也多种多样，有的是小行星撞击地球，有的是超级火山爆发，也可能是受到了超新星爆发伽马射线暴的袭击，另外也有板块漂移、海平面下降、陆地沙漠化和气候变冷等。

根据科学家的推断，五次生物大灭绝的基本情况如下：

第一次生物大灭绝发生在4.4亿年前的奥陶纪末期，又称奥陶纪生物大灭绝。此次灾难曾导致大约85%的物种绝灭。

奥陶纪时期海水广布，海洋生物十分繁盛，但由于当时地球气候变冷和海平面下降，生活在水中的各种无脊椎动物大规模消失。这次气候变冷和海平面下降的时间跨度为二三百万年，其原因至今仍不甚明了。有人认为是两极的冰川增多造成的。

第二次生物大灭绝发生在3.65亿年前的泥盆纪晚期，又称泥盆纪生物大灭绝。

泥盆纪时期陆地面积扩大，随着陆相地层的发育，陆生植物、两栖动物开始出现和大发展，特别是脊椎动物飞跃发展，爬行动物也开始出现，而且鱼类相当繁盛，各种类别的鱼都有出现，故泥盆纪被称为"鱼类的时代"。地层化石记录说明当时远至北极地区都处于温带气候。

这次生物大灭绝的原因也是地球气候变冷和海洋退却，海平面的大幅下降导致海洋生物遭到重创，时间跨度也有数百万年，起因则可能是小行星撞击地球或者是超级火山爆发。

第三次生物大灭绝发生在距今2.5亿年前的二叠纪末期，又称二叠纪生物大灭绝，这是有史以来最严重的大灭绝事件，估计地球上有96%的物种灭绝，其中90%的海洋生物和70%的陆地脊椎动物灭绝。

二叠纪时期陆地面积进一步扩大，海洋范围缩小，自然地理环境的变化促进了生物界的重要演化——陆生动植物物种进一步丰富和繁荣。这次生物大灭绝使得占领海洋近3亿年的主要生物从此衰败并消失，让位于新生物种类。生态系统也获得了一次最彻底的更新，为恐龙类等爬行类动物的进化铺平了道路。

二叠纪生物大灭绝是地球历史从古生代向中生代转折的里程碑，科学家们认为起因应当是地球曾经发生海平面下降和大陆漂移。当时所有的大陆聚集成了一个联合的古陆，很多生物失去了生存空间，而且大气层中的氧气也急剧减少，板块运动造成了气候突变、沙漠范围扩大和大规模火山爆发等现象，时间跨度为20万年到200万年。不过，也有科学家认为这次生物大灭绝可能和超新星爆发产生的伽马射线暴照射地球有关，比如这一时期大气层中的臭氧和氧气减少很有可能就是宇宙射线照射造成的。

第四次生物大灭绝发生在2亿年前的三叠纪晚期,又称为三叠纪生物大灭绝。

三叠纪时期许多地槽转化为山系,陆地面积扩大,地台区产生了一些内陆盆地,新的地理条件导致沉积相及生物界的变化,陆生动物进一步增多,恐龙家族开始繁荣。这次生物大灭绝也造成了75%左右的物种消失,其中主要为海洋生物,不过此次灾难并无特别明显的标志,考古方面只发现海平面下降之后又上升,出现大面积缺氧的海水,时间跨度为60万年到800万年,科学家们认为这次生物大灭绝可能和小行星撞击地球、超级火山爆发或者超新星爆发伽马射线暴有关。

第五次生物大灭绝大家比较熟悉,它就是发生在6 500万年前的白垩纪生物大灭绝。这次大灭绝事件造成了恐龙家族的整体覆灭,而且地球上有80%左右的物种灭绝,持续时间约100万年,在第一年里就有大约一半以上的物种消失。

关于这次大灭绝事件的成因,一般认为是由小行星撞击地球造成的,而且撞击造成的陨石坑已经被找到,就在墨西哥尤卡坦半岛上。撞击地球的小行星的直径在8~10 km,撞击的能量相当于人类所有核武器爆炸当量的1万倍。小行星的烟尘乃至撞击产生的烟尘均弥漫在地球大气层中,撞击引发地球上的很多火山大爆发,火山灰也大量弥漫在大气层中,地球大气层温度迅速下降,持续时间可能长达数百年,之后才恢复。寒冷的气候导致很多大型动物死亡,陆地上只有一些昆虫、能在水边生活的两栖和爬行类动物,以及一些小型的兽脚类恐龙和哺乳动物存活下来,其中兽脚类恐龙演变成了如今的鸟类。

五次生物大灭绝的基本情况见表2-1。

由此可见,由于地球处于宇宙空间中,而地球上的生命又依赖于地球的生态环境,因此无论是太空环境还是地球生态环境一旦发生变化,都会影响到地球上生物的生存。如果生态环境发生较大变化,那生物大灭绝就很有可能上演了。

表 2-1　五次生物大灭绝的基本情况

生物大灭绝序号	发生时间	持续时间	后果	现象	可能原因
第一次	4.4亿年前的奥陶纪末期	时间跨度为二三百万年	大约85%的物种绝灭	地球气候变冷、海平面下降,生活在水中的各种无脊椎动物大规模消失	原因至今仍不甚明了,有人认为是两极冰川增多造成的
第二次	3.65亿年前的泥盆纪晚期	时间跨度为数百万年	海洋生物遭到重创	地球气候变冷、海洋退却、海平面的大幅下降导致海洋生物遭到重创	小行星撞击地球或者是超级火山爆发
第三次	2.5亿年前的二叠纪末期	时间跨度为20万年到200万年	有史以来最严重的大灭绝事件,估计有96%的物种灭绝,其中90%的海洋生物和70%的陆地脊椎动物灭绝	大气层中的氧气急剧减少,板块运动造成了气候突变,导致沙漠范围扩大和大规模火山爆发等	部分科学家认为:地球发生海平面下降和大陆漂移;也有科学家认为可能和超新星爆发产生的伽马射线暴照射地球有关
第四次	2亿年前的三叠纪晚期	时间跨度为60万年到800万年	75%左右的物种消失,其中主要为海洋生物	考古发现海平面下降之后又上升,出现大面积缺氧的海水	小行星撞击地球、超级火山爆发或者与超新星爆发伽马射线暴有关
第五次	6500万年前的白垩纪	持续时间约100万年,第一年就有大约一半以上的物种消失	恐龙家族的整体覆灭,地球上有80%左右的物种灭绝	小行星撞击产生的烟尘、撞击引发火山大爆发形成的火山灰大量弥漫在大气层中,地球大气层温度迅速下降导致气候变冷	基本认定是由小行星撞击地球造成的

生物发展史已经证明,即使没有人类,地球上的生物也会因为环境变化,历经磨难,甚至可能全部灭绝。

我们常说,世界面临四大突发灾难的威胁,它们来自以下方面:

(1) 太空的(如小行星撞击等);

(2) 地球内部的(如火山、地震等);

(3) 地表或者大气的(如飓风、洪灾等);

(4) 生物的(瘟疫、流行病,如禽流感等)。

如果地球上没有智慧生命,无论现在还是将来,其他生物在面对这些突发灾难时,基本都无能为力。

从宇宙的视角来观察,假设没有类似人类这样的智慧生命存在,地球上的其他生物只能在一次次危机中沐雨栉风,伴随着地球生态危机,一次又一次的生物大灭绝将不断上演。

但现在,地球上有了智慧生命——人类,所有生物才有了希望。

这是因为,智慧人类拥有的信息极大地拓展了人类的能力。虽然直到现在,我依然不能确定,如果一颗类似灭绝恐龙那样的小行星撞向地球,我们有没有办法干预它的行走路径从而避免灾难的发生。但可以肯定的是,随着科技的发展,在100年内,人类有能力监视所有对于地球有威胁的小行星,并且尽早干预小行星的行走轨迹,从而杜绝小行星与地球相撞的悲剧。

随着科技的发展,人类可能有办法避免一些自然灾害的发生,也有可能在自然灾害发生时,降低灾害对于生命的伤害。

如果人类不懈怠,努力发展科技,就有可能与各种灾难赛跑。我们不能确定,科技力量一定会帮助人类和地球上的其他生物在面对各种危机时找到出路。但是很显然,人类是地球生物面对环境危机时的唯一希望。

实际上,对于宇宙来说,智慧生命给了宇宙未来另一种可能。如果没有智慧生命,宇宙的生存和发展进程受客观规律支配,是可以预测的。现代科学认为,宇宙最后的结局只有三种可能:坍缩、永远膨胀、平衡。我们把与之对应的宇宙分别称为"封闭宇宙""开放宇宙"和"平直宇宙"。宇宙最终会怎么演进,取决于宇宙中所有物质的万有引力与宇宙大爆炸惯性的较量。

(1)如果有一刻大爆炸的剩余惯性不能抵抗宇宙中物质的万有引力的话,那么在万有引力的作用下宇宙就开始收缩,最后缩回奇点。

(2)如果物质的万有引力永远不能抵抗大爆炸的剩余惯性的话,宇宙就将永远膨胀下去。

(3)这两股力量最后正好互相平衡,宇宙将进入一个非常缓慢并永无止境逐步缓慢膨胀的过程。

目前,我们还无法确定宇宙的演进最后到底是哪种结局,但是这三种结局对于宇宙中的所有生命来说都是灾难。如果宇宙收缩回奇点,那么所有的生命和世界都将不复存在。如果宇宙无限膨胀,卡尔·萨根(Carl Sagan)在他的科普著作《宇宙》中,给我们描述了未来的场景:恒星冷却并且消亡了,物质本身腐烂了,宇宙则成了一缕冷薄的基本粒子的烟雾。

很显然,如果不加以干预,听任宇宙自然发展,世界终结不可避免。幸好,宇宙有了人类。智慧生命的创造已经让宇宙的面貌发生了改变。

所有自然规律都有发挥作用的条件,当某种条件满足后,物体会呈现出某一种运动状态。我们所处的这个世界之所以呈现目前的运行状态,是由目前的环境条件决定的。在现实环境中,不是每一种条件都能自然满足的,所以,我们现在面对的世界没有直接呈现出完全满足生命生存要求的运行状态。

智慧生命也许不一定能够创造或者改变物理规律,但我们可能发现新的物理规律,并且可能创造出让这个规律发生作用的条件,从而改变物体甚至宇宙的运行和发展轨迹,进而改变宇宙的命运。

对此怎么理解呢？

比如，我们在大海边可以听到波涛声，听到海鸟们欢快的叫声。自然界的各种天籁组成和谐的乐章，让我们感到宁静。但是，不管我们在宇宙的哪个角落，如果没有智慧生命，不管我们等多少年，我们永远都不可能等到自然之声会呈现出贝多芬的交响曲，例如《欢乐颂》的旋律。

贝多芬谱写了《欢乐颂》，交响乐团演奏了《欢乐颂》，这些过程完全没有违背任何物理定理。所有乐器相关部件振动而发声的过程也完全遵循物理定理，但是在智慧生命的操纵下，这些乐器合作演奏出了自然界永远不会自动产生的动听旋律。

以此推论，未来，如果人类能够像演奏乐曲那样驱动星球的运行轨迹，那么人类就可以给宇宙一个光明的未来。

我们顺便讨论一下热寂问题。热力学第二定律有一个表述：一个孤立系统的总混乱度（即"熵"）不会减小。这意味着，如果我们把宇宙视为一个孤立系统，宇宙的熵会一直递增。这就意味着宇宙最终会到达"热寂"状态，即宇宙的熵达到最大值。这时，宇宙中的其他有效能量已经全数转化为热能，所有物质温度达到热平衡。在这样的宇宙中再也没有任何可以维持运动或是生命的能量存在。

智慧生命能帮助宇宙走出热寂困境吗？

我们必须承认，不管科技如何发展，智慧生命应该无法修改热力学第二定律。当代的科技水平也无法提出避免热寂的解决方案。但是在未来，智慧生命不会无所作为。

热力学第二定律毕竟是在研究物质及其运动过程中被发现的规律。当智慧生命介入后，这个定律是否存在新的特点和适用边界，这方面有很多可以研究的课题。

科普小说《三体》的第三本《死神永生》中，作者刘慈欣让女主人公和她的先生在170亿年后隐居在小宇宙中。这个小宇宙的所有质量来自宇宙，但它本身已经属于宇宙外了。而且他们不是孤立的两个隐居在宇宙外的生命,还有很多智慧生命隐居到宇宙外。由于这些隐居者取走了太多的宇宙质量,导致宇宙总质量小于临界值了,宇宙从封闭转变为开放。

我不知道作者刘慈欣先生本人意识到了没有,他已经提出了一个避免热寂的方案。当智慧生命在宇宙外建立了很多小宇宙时,宇宙本身已经不是一个孤立系统了。既然宇宙不是孤立系统,热力学第二定律当然失效了。宇宙完全可以避免热寂的结果。

由此可见,至少在想象中,在不明显违背物理定律的前提下,智慧生命能够给宇宙找到出路。热寂是太遥远的事了,一般认为热寂如果会发生,至少在 10^{15} 年以后。按照我们现代科技的发展速度,那时智慧生命的科技力量已经无法预估。我相信那时的智慧生命应该可以帮助宇宙和各类生命找到可靠的生存方案。

我认为人类以及其他智慧生命存在的意义或者价值在于:人类和其他智慧生命是宇宙永恒的希望。没有人类和其他智慧生命,宇宙中的生命甚至宇宙本身不可避免会走向寂灭。人类和其他智慧生命已经给宇宙带来了生机,在宇宙的发展进程中创造了丰富多彩的事物和信息,也有可能给宇宙以崭新的未来。

2.2 伟大的人类

人类和其他动物相比,有什么不一样呢?

到目前为止,人类是地球上的胜利者,人类已经打败了世界上所有其他动物,占据了地球动物食物链的最顶端。

作为动物的原始人和当时存在的其他凶猛动物(如猛犸象、剑齿虎等)相比,在力量、速度以及自身条件(比如坚硬的牙齿,锐利的爪子等)各方面都没有优势,但最终是人类逐步淘汰了这些竞争对手,占领了地球。实际上,伴随着人类对领土的扩张,很多动物灭绝了。

人类之所以能够取得成功，很大程度上归功于人类所具有的能力。如果我们提到人类的伟大，很多人应该会首先想到人类的"智力"优势。不过，在谈到人类的"智力"之前，我先要承认，人类的成功也离不开运气。显然，我们的生理结构非常适合于我们的生存环境——地球。

美国著名科幻小说家、科普作家艾萨克·阿西莫夫（Isaac Asimov）曾经在《关于思维方式的再思考》一文中提出了一个有趣的问题，我们怎么知道海豚不比人聪明？

阿西莫夫假设，有人会以海豚没有技术作为论据，论证海豚没有人聪明。但阿西莫夫认为这证明不了什么。因为海豚生活在水中，没有办法用火，而对火的巧妙运用是人类技术的根基。另外，水中生活造就了海豚的流线型身体，海豚没有与人手类似的器官。

顺着阿西莫夫的思路，我想到另一个问题：如果海豚真比人聪明，它们有可能统治地球吗？它们有机会战胜人类吗？

我认为，答案是不行。即使海豚足够聪明，但它们没有手，怎么制造武器呢？它们也许可以用语言交流，却因为生活在水中，没有办法创造书写工具，如果只能用语言来传递知识，知识传承效率极低，如何发展科技？海豚的进步速度将远远低于人类。

由此可见，智力还不是人类战胜其他动物的最重要因素，人类的优势首先体现在身体结构：能够生活在陆地，直立行走，拥有灵巧的双手以及适合的发声器官。生活在陆地，让人类有了使用火的基础；直立行走，解放了人类的双手；适合的发声器官让人类能够创造语言，实现沟通。

在这个基础上，人类又做到了三点：学习、创造和团结。相对于地球上的其他生存竞争者，我们的胜利不可遏制。

如前所述，人类的身体条件其实并不如我们的某些生存对手,我们力量不如它们,速度不如它们,但是我们学会了使用火并具有驾驭火的能力;我们能够创造并使用工具。

在原始社会,我们创造的武器和工具本质上是人类生理技能的延伸和加强,弥补了我们身体条件的先天不足。我们的指甲不够锋利,我们发明了刀具;我们的拳头不够有力,我们制造了斧子。通过创造和应用工具,从而提升了我们的能力。

同时,我们实现了群居,通过合作,放大了每个人的能力,依靠集体的力量解决了很多仅凭个人无法解决的问题。

人类社会能够发展壮大,这三个因素缺一不可。生理结构是基础。智力催生的创造力让每个人的身体能力得到了加强。而群居是集合了个体的力量,使个人能力通过群体合作而被放大。

那么再深入一步,人类是怎么做到创造与合作的?

要回答这个问题,我们就来到了本章的主题部分,人类所展现的智慧:非凡的信息驾驭能力,仁爱的道德信念和一颗追求永恒的心。

1. 信息驾驭能力

信息驾驭能力包括信息创造、信息传输、信息保存、信息吸收等全部与信息传承有关的能力。它是人类学习和成长的基础,也是人类团结合作的基础,更是人类文明生生不息、繁衍至今的基础。

相对于其他动物而言,人类拥有非常高的智力。然而,当一个婴儿刚出生时,无论是他的生存能力还是智力,与其他哺乳动物相比都不占优势,在10岁之前一般都不可能独立生存。婴儿需要成人的抚养和保护才能健康成长;孩子需要接受教育才能拥有更好的生存本领。

每个人的成长过程,既体现了人类信息驾驭能力的价值,也体现了人类仁爱道德信念的价值。

信息在人类的发展过程中发挥了重要作用。在原始社会,无论是驾驭火,还是制造武器,都需要原始人具备学习能力,学习就是吸收信息;群居生活,更要求个体之间拥有沟通交流的能力。

身体条件和生存环境使人类具备信息交流的能力和条件,而学习和传承促进了人类创造力的提升。"学习"是通过信息了解事物的过程,"传承"是信息传递的过程。对原始人类来说,聪明人通过观察自然现象并经过思考,即通过采集、分析信息,从中发现驾驭火的方法,发明新的武器及材料的制作工艺;然后通过信息传递,把知识和经验教会团队中的其他成员及后人;渐渐地促进了区域人类的进步。

信息交流也是群居生活的保障。只有互相了解、制定规则、分工合作,群居才有可能实现。

由此可见,信息的作用体现在三个方面:

(1) 对个体而言,信息让我们学会新知识,提升个人能力;让我们发现问题,解决问题,从而提高效率,取得现实的收益。

(2) 对群体而言,信息传递知识和经验,让团队不断进步;让成员之间协调合作,共同完成任务。

(3) 对社会而言,信息让人们互相理解,树立共同愿景,团结一致,从而保证社会稳定和文化传承。

2. 仁爱的道德信念

仁爱是每个人生存、成长所必需的,也是团队合作的基石。

著名的斯芬克斯(Sphinx)狮身人面像位于埃及开罗市西侧的吉萨区,距胡夫金字塔约350 m。在古代神话中,狮身人面兽是巨人与妖蛇所生的怪物,它拥有人的头、狮子的躯体,还带着翅膀。

在希腊神话中,斯芬克斯向路人提出谜语,路人猜不出答案,斯芬克斯就会把路人吃掉。他给俄狄浦斯出的问题是:什么东西早晨用四只脚走路,中午用两只脚走路,傍晚用三只脚走路?俄狄浦斯回答:"是人。在生命的早晨,他是个孩子,用两条腿和两只手爬行;到了生命的中午,他变成了壮年,只用两条腿走路;到了生命的傍晚,他年老体衰,必须借助拐杖走路,所以有三只脚。"俄狄浦斯答对了,斯芬克斯坠崖而死。

斯芬克斯的谜语生动地描绘了人类成长的过程,在婴儿期和晚年,人类不可能独立生存,需要别人的帮助和照顾。我们经常说中年人压力最大,上有老下有小。这是每个人都必须经历的。人的一生就是从被别人照顾,到照顾别人,再到被别人照顾的历程,人类只有具备仁爱的道德信念,才能繁衍至今。

家庭如此,集体更是这样。当人类开始群居时,就会面临分工和分配的问题。一个集体如果实行完全的"人人为我,我为人人"制度,当然是最理想的。但是集体中必然存在那些需要被照顾的个体,这就需要集体中有人更多地付出。要保证集体的稳定,需要有人承担更多的义务。当然,在群体里传递信息,把自己的能力传递给其他同伴,也需要道德信念。人们赡养老人、养育孩子,也许比较容易做到。但是要达到"老吾老以及人之老,幼吾幼以及人之幼"的境界,那是对于人类道德观念的考验。很显然,人类做到了。人类从原始的氏族,发展到各个国家的建立,在这个过程中展现了人类的道德水准,通过牺牲个人的权利,为集体奉献自己的能力,人类社会才得以壮大。

具有仁爱的道德信念,是人类生存发展的基石,也是人类的骄傲。

3. 追求永恒的心

永恒的意思是永远、恒久。套用诗人的话,就是"人生不只有眼前的苟且,还有诗和远方。"我们在为生计奔波的同时,从来没有忘记追求永恒的价值,人的一生始终在追寻梦想、追寻真理,追求精神方面的超越。

我国发现的最早的文字是甲骨文,甲骨文刻在龟壳上,大部分是占卜的内容。我们当然可以视占卜为迷信,但我们也应该看到,占卜是古人探求人与自然关系的一种方式。甲骨文是商朝(约公元前17世纪—公元前11世纪)的文化产物,距今约

3 600多年的历史。那个时候,科技才刚刚起步,人类需要面对的挑战很多,但商朝人已经把目光投向了天空,开始探寻自然与人类共存的奥秘。

相对于宇宙的时间和空间,人类渺小如尘埃。但就是这么渺小的生物,从有文字记载以来,一直满怀着极大的兴趣和热情在观察和想象宇宙、测量、计算、推断宇宙星空的运动规律,这是多么了不起的创举啊!

我用两首诗总结本小节。

第一首是汉朝的诗歌,作为《古诗十九首》中的一首,被收集在了南朝梁武帝长子萧统组织文人编辑的《文选》中,诗歌的本意是劝人及时行乐的,但第一句"生年不满百,常怀千岁忧"精辟地说出了人类的目光长远。全诗如下:

> 生年不满百,常怀千岁忧。
> 昼短苦夜长,何不秉烛游!
> 为乐当及时,何能待来兹?
> 愚者爱惜费,但为后世嗤。
> 仙人王子乔,难可与等期。

另一首是现代诗人、美学家宗白华先生的《夜》:

> 一时间
> 觉得我的微躯
> 是一颗小星,莹然万星里
> 随着星流
> 一会儿
> 又觉着我的心
> 是一张明镜
> 宇宙的万星
> 在里面烁着

快两千年了,人类胸怀宇宙、展望未来,始终没有改变。

2.3 人生责任

前述章节中得出的结论如下：

如果没有人类或者其他智慧生命，地球和宇宙只能按照物理规律设定的轨道演进。非智慧生命只能被动地接受命运的安排。

只有人类或者类似的智慧生命，有可能在未来改变星球和宇宙的发展轨迹。

人类或者类似的智慧生命，是其他非智慧生命以及宇宙的希望。

如果上述结论都是正确的，那么人类的终极使命就明确了，我们存在的目的是不断提升能力，保护地球生命，并在未来保护宇宙生态，创造永恒。

那么，我们每个人是不是都应该去当科学家？把钻研科技当成人生目标呢？显然不是。

我们必须意识到，实现人类的终极使命是一个漫长的历程，需要我们一代代人长期持续的努力。所以，人类的首要任务是保证我们所在的社会能够持续健康地发展，人类社会自身要持久延续。如果没有一个繁荣和谐的社会，"皮之不存，毛将焉附"，科学探索也是无法维持的。

科学探索的进程是一条布满荆棘的险路，不会一帆风顺。很多科研成果都是在大量知识经验积累以及无数挫折教训的基础上取得的。在科学探索过程中，很多基础研究需要大量投入却不会产出直接的经济效应，有些未必正确的研究方向甚至只有付出没有收获。这就需要社会大众的理解和鼎力支持。没有持续的投入，科技无法取得进步。

所以，对于大多数人来说，我们的主要责任就是认真地生活，努力完成本职工作，保证社会的繁荣和进步，为科研投入奠定基础,为人类社会的持续和发展贡献力量。

不过,人们在认真生活的同时,不能忘记人类的使命。

1970年,赞比亚修女(Mary Jucunda)给 NASA(美国航空航天局)Marshall 太空航行中心的科学副总监恩斯特·史都林格(Ernst Stuhlinger)博士写了一封信。恩斯特·史都林格曾经致力于火星之旅工程中的原创性研究。

信中,赞比亚修女问道:目前地球上还有这么多小孩子吃不上饭,他怎么能舍得为远在火星的项目花费数十亿美元呢?

史都林格很快给赞比亚修女回了信。这封真挚的回信随后由 NASA 以"为什么要探索宇宙"为标题发表。

这封信比较长,概括来说,史都林格从三方面阐述了探索宇宙的意义:

(1)太空项目有助于人类解决面临的诸如饥饿等实际问题,可以提高人类生活质量。

(2)太空项目能够促进科学技术的发展和提高一代人的科学素养。

(3)太空项目在让我们更深入地了解宇宙的同时,加深我们对地球、对生命、对人类自身的感激。太空探索让地球更美好。

史都林格博士的回答全面而得体,他的笔触情感充沛,娓娓动人,体现了良好的个人素养和智商。

如果让我来回答同样的问题,我的答复可能更简洁:假设我们人类不探索宇宙,我们和之前统治地球的生物,比如恐龙,有什么差别?

探索宇宙有现实的意义:生命所处的生态环境很脆弱,随时可能出现致命的威胁,人类必须快速提升科技力量,以提高自身抵抗突如其来环境灾害的能力。探索宇宙既是提升综合科技力量的有效途径,也是了解宇宙奥秘、预防太空伤害的重要措施。

同时,探索宇宙也是人类的责任。作为宇宙智慧生命中的一员,我们有义务为地球生命、为后代、为宇宙延续开辟崭新的天地,每一代人的披荆斩棘是鼓舞后代前行的号角。探索宇宙,是人类继往开来,不懈奋进的征程。

我们每一代人都在承上启下。如果说认真生活是我们对上一代的回报,那么,保证文明的传承是我们给下一代的承诺。而文明的传承就是基因和信息的传承。

以中国古代寓言《愚公移山》为例。《愚公移山》的故事出自《列子·汤问》,原文如下:

> 太行、王屋二山,方七百里,高万仞,本在冀州之南,河阳之北。
>
> 北山愚公者,年且九十,面山而居。惩山北之塞,出入之迂也。聚室而谋曰:"吾与汝毕力平险,指通豫南,达于汉阴,可乎?"杂然相许。其妻献疑曰:"以君之力,曾不能损魁父之丘,如太行、王屋何?且焉置土石?"杂曰:"投诸渤海之尾,隐土之北。"遂率子孙荷担者三夫,叩石垦壤,箕畚运于渤海之尾。邻人京城氏之孀妻有遗男,始龀,跳往助之。寒暑易节,始一反焉。
>
> 河曲智叟笑而止之曰:"甚矣,汝之不惠!以残年余力,曾不能毁山之一毛,其如土石何?"北山愚公长息曰:"汝心之固,固不可彻,曾不若孀妻弱子。虽我之死,有子存焉;子又生孙,孙又生子;子又有子,子又有孙;子子孙孙无穷匮也,而山不加增,何苦而不平?"河曲智叟亡以应。
>
> 操蛇之神闻之,惧其不已也,告之于帝。帝感其诚,命夸娥氏二子负二山,一厝朔东,一厝雍南。自此,冀之南,汉之阴,无陇断焉。

愚公已经90岁了,因为门前两座山阻挡了他们全家的出入,于是他动员全家挖山。两座山方圆七百里,高七八千丈。但愚公毫不担心,他说:"即使我死了,还有儿子在呀;儿子又生孙子,孙子又生儿子;儿子又有儿子,儿子又有孙子;子子孙孙无穷无尽,可是山却不会增高加大,还怕挖不平吗?"

愚公的乐观基于三个前提:①山不加增;②子子孙孙无穷无尽;③子子孙孙不忘初心,会坚持挖山。但这三个前提,都是靠不住的。

首先,现代科学研究发现,地球是一个动态的、千变万化的星球。地球的内力作用会引发地震、构建山脉和形成火山构造。在地表上,外力作用裂解岩石并形成多种多样的地貌。水、风、冰的侵蚀作用以及外来物体(如陨石)的撞击造就了种类繁多的地貌景观。我们的地球是一个动态的球体,在漫长的演化过程中,自然界始终发生着变化,而且在今天和未来依然会继续变化下去。有时,这种变化是迅速和猛烈的,比如强烈风暴、山体滑坡或者火山爆发。通常,这种变化是以人类很难察觉的方式逐渐发生的。不过,在较长的时间范围内观察地表,会发现地质、地貌的改变非常大。以喜马拉雅山脉为例,科学家在喜马拉雅山脉上发现了海洋生物的化石,证实了那片地方原先是海洋,5 000万年前,由于印度板块开始碰撞亚洲板块,逐步变成了山脉。喜马拉雅山脉中珠穆朗玛峰现在是地球最高山峰。愚公和他的子孙们挖山的时间跨度不低,其间山体及附近地貌很可能会发生各种变化,山体不加增只是愚公的一厢情愿。

我们可以计算一下,愚公移山究竟需要花多少时间。

按照原文,这两座山"方七百里,高万仞",一仞相当于八尺或者七尺,以现代一米三尺转换,万仞就是 23 333 m。方七百里,就是方圆七百里,我们可以理解为周长 700 里。那么半径就是 55 732 m。假设把两座山合并,山的形状是圆锥体,整个挖土体积约等于 75.8 万亿 m^3。假设一天挖 10 000 m^3,也得挖 75.8 亿天,相当于要挖两千万年。愚公认为在 2 000 万年间,山体不加增,这完全是没有科学依据的臆测。

当然,原文中的数据都是夸张的描述,当代地球最高峰珠穆朗玛峰的高度也只有 8 848 m，23 333 m 高的山，应该是不存在的。而且，愚公一家实际上也没有必要将两座山都挖走，只要在山中挖条直通豫南的道路即可，实际工程时间可能会大大少于 2 000 万年。即便如此，这项工程大概率会持续几万年。我们根本不能保证在工程期间，山体地貌一定不会发生改变。

其次，愚公认定自己"子子孙孙无穷无尽"，这也只是他的美好愿望。

现代遗传学对于全球人口 DNA 有了初步的分析。科学家曾对世界不同地区和民族的女性进行线粒体 DNA 调查，确定现代人的线粒体来自约 10 万～15 万年前的一名女性，她被称为"线粒体夏娃"。也就是说现在世界上全部人口都有共同母系祖先，现今人类体内的线粒体都遗传自她。

同理，通过对世界上所有地区人类 DNA 的分析，遗传学家史宾赛·韦尔斯（Spencer Wells）推断出所有的人类都是生存于 6 万年前非洲的一个男人的后裔。大家把这个男人称为 Y 染色体亚当（Y-chromosomal Adam），或者 Y-MRCA（Y-chromosomal Most Recent Common Ancestor）。在遗传学上，Y 染色体亚当是人类父系的最近共同祖先，现今人类体内的 Y 染色体都遗传自他。

这并不是说，六万年前，全世界只有 Y 染色体亚当一个男子，或者"线粒体夏娃"同时代，全球只有她一个女子。而是 Y 染色体亚当同时代的其他男子的 Y 染色体都没有被遗传下来，这意味着与 Y 染色体亚当同时代的其他男子的男性后裔已经不存在了。同理，与"线粒体夏娃"同时代女性们的后裔也都不存在了。

可见，人类的基因竞争也是很残酷的。经过约 6 万年的时间，与 Y 染色体亚当同时代的其他男性的后代全部不存在了，因此愚公自认为自己的"子子孙孙"能够"无穷无尽"，恐怕也是过于乐观了。

第三，愚公的子子孙孙未必都有相同的理想，即继续去挖山。他们可能不是每个人都有挖山的技术，也可能没有挖山的想法。

如果进行成本分析，愚公挖山是非常不经济的。愚公挖山的主要目的是全家人的出入便捷，"指通豫南，达于汉阴"。仅仅为了出入便利，就要挖掉两座高山，这实际上是一个效率极低的解决方案，根本不值得。愚公准备牺牲子子孙孙的时间和理想来全力挖山，这个决定是很荒谬的，还不如直接搬家更方便。我不相信愚公的子孙们会一直坚持下去。虽然，故事中愚公家人们对于愚公这个决定的态度，居然是一致赞同。即使愚公的夫人提出疑问，家人也想出办法来平息争议。子孙们亲力亲为，陪着愚公开始挖山。

为什么会这样呢？如果设身处地去想象，我们会发现这一切都顺理成章。比如，假设我自己父母年届九十，突然提出要去挖山，只要法律允许，我估计也会应许的。因为，一来父母有这样的兴致，何必阻挠他们，让他们不高兴？二来，挖山也是锻炼身体的方式，而且并不非常危险，同时让父母有事可干，消除无聊，本来就是两全其美。第三，我自己年龄也大了，应该要退休了，正好空闲下来，陪父母干活，增进感情，总是好事。

总之，子女们应许配合，可能完全是为了让老父亲高兴而附和，根本没有持久的动力。如果愚公离世，子孙们很可能会有自己的理想和追求，放弃挖山的任务。

由此可见，愚公的那些乐观理由都是虚幻的。当然，这仅仅是一则寓言，现在我们想要重点讨论的是，假设一下，愚公真要让他的挖山事业取得成功，他需要做些什么？

首先，他必须有子孙。他的子孙也必须有子孙。由愚公推广到每一个普通人，要实现人类的理想和信念，首先要保证基因的传承，如果自己没有子孙，也要保证有其他人的后代能够继承我们的目标。

其次，要把挖山的方法和信念告诉子孙。如果子孙不会挖山，或者不愿意挖山，愚公的理想就不可能实现。当然，愚公还需要他的子孙把挖山的方法和信念传达给他们的子子孙孙。

这里，我们似乎没有强调愚公应该把挖山的基本物质条件传承给子孙，包括挖山的工具以及必要的生活物资。这些条件对于挖山也很重要，没有工具，子孙就会"巧妇难为无米之炊"；没有生活物资，子孙还必须为生计奔波。

但是，我们必须承认这些物质基础不是决定子孙是否持续挖山的关键因素，如果子孙有挖山的信念，即使不具备物质条件，子孙也可以通过自己的努力去筹集物资和寻找工具。由此可见，对愚公而言，把挖山理念灌输给子孙是最重要的，相对来说，挖山的方法可以学，子孙甚至可能想出新的方法提高挖山的效率。相对而言，传承工具给子孙就没那么重要了，如果子孙没有挖山的兴趣，这些传承的工具也就毫无用武之地。

由此可见，愚公为了实现自己的理想，他必须努力传承的只有两样东西：传承基因和传承信息。

回过头来说人类，人类要实现保卫宇宙的终极使命，我们面临的挑战可比愚公大得多。

愚公只不过是想挖两座山，他想挖的山根据文献记载高度是两万多米，是他身高的两万多倍。宇宙的可观测直径为930亿光年，1光年约等于10^{16} m。愚公的身体和宇宙比，那就太微不足道了。如果人类把改造宇宙作为使命，人类的任务可比愚公移山要难得多。

而且，相对来说，我们的时间更紧迫。

从宇宙的时间尺度来看，人类在地球上生存的时间还不到地球寿命的万分之一。地球本身是个运动的星球，地球外部环境和内部状态的变化有可能对地球生命的支撑体系造成极大的破坏，从而导致地球生命的灭绝。可以说，我们人类和其他地球生命一直处于地球环境灾难的威胁之中。

和愚公类似，为了实现我们的使命，我们也必须传承基因和信息。如果说基因传承可以实现人类作为高等动物的生存本能，那么信息传承将实现人类的精神价值。

人类正在不断探索宇宙深处的奥秘。用比喻来说，人类正在建造一座通向宇宙深处的"通天塔"。这个任务不是一代人或者几代人能够实现的，需要世世代代持续努力。为了完成这个任务，我们当然需要基因传承，但更重要的是积累。积累知识和技能，本质上就是积累信息。

从宇宙的角度来看，每个人都过于渺小，生命时间也过于短暂，我们能做的贡献很有限。但如果我们一代代人能够持之以恒，积沙成塔，就可能创造奇迹。

第 3 章　信息与未来

3.1　信息可以保障我们的生存与发展

信息时代,带给人类的不仅仅是技术进步,信息能够全方位地改变我们的世界观和价值观,给人类一个更美好的未来。

人类是恒温动物,为了保持机体生存,为了身体活动,每时每刻都在消耗着能量。因此,人类每天都需要补充食物和营养,维持生存和生活。此外,人类每天生产、消费也在消耗着大量能量。没有能量,人类将无法生存。

我关注的是:维持我们生命、保障我们发展的能量来自哪里?未来有没有足够的保障?我们是否需要为土地、能源等资源的缺失感到担心?

目前,维持人类和地球生命生存的能量来源是太阳。太阳以电磁波的形式向外传递能量。太阳向宇宙空间发射电磁波和粒子流,形成太阳辐射。太阳辐射所传递的能量,称为太阳辐射能。太阳辐射能的作用非常大:

(1) 直接为地球生命提供太阳能,所有生物的生长与发育都离不开太阳。

(2) 太阳热能是维持地球表面温度,促进地球的水、大气运动及生物活动的主要动力,而这些水和大气活动也能被利用产生电能和风能。

(3) 太阳是人类日常生产生活主要能源的来源。直接利用太阳能源的例子如用太阳能电池发电。间接利用太阳能源的例子如使用地质时期储存的煤与石油。

由此可见,可能除了潮汐能、核能等少量能源外,人类或者其他生命所需的其他能量都直接或者间接来自太阳。太阳是维持生命生存的主要资源。

首先来看食物,目前人类的食物还是各种动物和植物。

植物生长的能量来自太阳,食草动物以植物为食获得生长所需的能量,食肉动物则通过捕食其他动物获得自己生存所需的能量。人类站在地球食物链的最高端,以各类动植物等作为食物。总之,太阳是所有生命生存的基础。

其次,我们分析各种能源。

石油的成油机理并不明确,有生物沉积变油和石化油两种学说。生物沉积变油学说认为石油是古代海洋或湖泊中的生物经过漫长的演化形成,不可再生;后者认为石油是由地壳内本身的碳生成,与生物无关,可再生。生物沉积变油学说目前被广泛接受,按照这个学说,石油可以视为远古太阳能的积累产物。

煤的形成机制比较确定:煤是植物遗体经过生物化学作用和物理化学作用而转变成的沉积有机矿产,是多种高分子化合物和矿物质组成的混合物。很显然,煤是由远古植物形成的,可以确定为远古太阳能的积累产物。

天然气的成因多种多样,根据不同的天然气类型,可以分为生物成因、有机成因和无机成因。各种类型的有机质都可形成天然气,腐泥型有机质既产生油又产生气,腐殖型有机质主要生成气态烃。腐泥型有机质是指脂肪族有机质在缺氧条件下分解和聚合作用的产物,来自海洋或湖泊环境水下淤泥中的孢子及浮游类生物;腐殖型有机质是指泥炭形成的产物,来自有氧条件下的陆生高等植物。

成岩作用(阶段)早期,在浅层生物化学作用带内,沉积有机质经微生物的群体发酵和合成作用形成的天然气被称为生物成因气。

天然气的有机成因包括油型气和煤型气。沉积有机质特别是腐泥型有机质在热降解成油过程中，与石油一起形成的天然气，或者是在后成作用阶段由有机质和早期形成的液态石油热裂解形成的天然气被称为油型气。煤系有机质（包括煤层和煤系地层中的分散有机质）热演化生成的天然气被称为煤型气。

天然气的无机成因指的是：地球深部岩浆活动、变质岩和宇宙空间分布的可燃气体，以及岩石无机盐类分解产生的气体，它们都属于无机成因气或非生物成因气。

可见，除了无机成因天然气，其他天然气的形成都和远古生物有关，本质上还是太阳能的积累产物。

我们日常最常用到的能量是电能，常见的发电方式包括火力发电、水力发电、风力发电、核能发电、地热发电等。发电的基本原理就是利用发电动力装置将水能、化石燃料（煤炭、石油、天然气等）的热能、核能以及太阳能、风能、地热能、海洋能等转换为电能。

水和大气之所以会运动其根本原因就在于太阳提供了热量。太阳热量让气体产生温差，热空气上升，从而让空间形成不同气压，促成了气体运动，形成了风。同时，太阳热量将水蒸发为气体，水蒸气随着大气运动而移动，形成雨水汇聚成河。因此，风能和水能本质上产生于太阳能。

海洋能指依附在海水中的可再生能源，海洋通过各种物理过程接收、储存和散发能量，这些能量以潮汐能、波浪能、温差能、盐差能、海流能等形式存在于海洋之中。这当中，潮汐因为月亮和地球之间的引力而形成，可以认为和太阳能没有更直接的关系。其他如海流、温差等本质上还是太阳能的作用导致的。

20世纪末，采用化石燃料的火力发电是当时最普及、技术最成熟的发电方式。化石燃料（包括石油、煤和天然气等）的形成大部分和太阳能有关。这当中，核能（或称原子能）是通过核反应从原子核释放的能量，与太阳能无关。

综上所述，我们人类和地球上其他生物所需的能量，绝大部分都产生于太阳能。

既然太阳能是地球生命所需能量的源泉,如果我们能够直接使用太阳能,就不必担心各种中间资源(如石油、水资源等)的缺失了。问题是,照射到地球的太阳能是否足够满足地球生命的需要?

首先要关注的是,每天地球所受到的太阳辐射能量究竟有多少呢?这个数值可以通过测量太阳常数得到。太阳常数是指在日地平均距离($D = 1.496 \times 10^8$ km)上,大气顶界垂直于太阳光线的单位面积每秒钟接受的太阳辐射。太阳常数要在地球大气层之外,垂直于入射光的平面上测量。由于太阳表面常有黑子等太阳活动的缘故,太阳常数并不是固定不变的,一年当中的变化幅度在1%左右。

以人造卫星测得的太阳常数数值是每平方米大约1 367 W[1 353($\pm$ 21) W/m^2(1976 年,NASA)],地球的截面积是127 400 000 km^2,因此整个地球接收到的功率是1.740×10^{17} W。

用太阳辐射能量总功率推算太阳常数是一道中学数学题,我们来验证一下:

太阳的总辐射功率为:3.86×10^{26} W,即太阳每秒钟向四周太空辐射 3.86×10^{26} J 的能量。地球离太阳 1.496×10^8 km,所以太阳辐射到达地球时,其总的辐射能量分布在一个半径为 1.496×10^8 km 的球面上。

这个球面的面积为:$4 \times 3.1416 \times (1.496 \times 10^8)^2 = 8.8827 \times 10^{17}$ km^2,其中被地球遮住的面积即为地球的大圆面积,地球半径约为 6 371 km。这个大圆面积为:$3.1416 \times (6.371 \times 10^3)^2 = 1.275 \times 10^8$ km^2。

所以,地球截留下来的能量占太阳辐射总量的:$(6.371 \times 10^3)^2 / 4 \times (1.496 \times 10^8)^2 = 1/(2.2 \times 10^9)$。

所以,太阳照射在地球上的总功率为 $3.86 \times 10^{26} / 2.2 \times 10^9 = 1.75 \times 10^{17}$ W。

若单位换一下：$1.75 \times 10^{17}/3.6 \times 10^6 = 4.86 \times 10^{10}$ kW·h/s，即太阳每秒钟照射到地球的能量相当于486亿 kW·h 电。

地球上垂直于太阳光的 1 m² 面积每秒钟接收到的太阳辐射（太阳常数）是：$1.75 \times 10^{17}/(3.1416 \times (6.371 \times 10^6)^2) = 1\ 372.42$ W/m²

计算结果和美国国家航空航天局（National Aeronautics and Space Administration，NASA）的测量结果非常接近。

由此可见，尽管太阳辐射到地球大气层的能量仅为其总辐射能量的 $1/(2.2 \times 10^9)$。但已高达175 TW。也就是说太阳每秒钟照射到地球上的能量相当于500万吨煤产生的能量。

由于 100 万 kW = 1.0×10^9 W，太阳辐射到地球的功率，约相当于 175 000 000 多个百万千瓦的发电站的发电功率。三峡发电机组总装机容量为 1 820 万 kW，太阳辐射到地球的功率相当于 900 万个三峡工程的总发电功率。

我们再来计算一下，现在人类生活生产所需要的能量。

成年人每日需要的热量：

男性为 9 250～10 090 kJ，女性为 7 980～8 820 kJ。

所以，假设我们以成年男性每日需要热量的最大值 10 090 kJ 作为计算标准，如果全球人口数上涨至 100 亿。1×10^7 J/（人·天）$\times 10^{10}$ 人 = 1×10^{17} J/天。全人类每天需要的能量约为 10^{17} J。每年维持人类生存所需要的能量为 365×10^{17} J。

地球上每秒钟能接收到的太阳能就有 1.75×10^{17} J。我们只需要将 365 s，也就是约 6 min 的太阳能转化为人类可吸收能量，就可以满足 100 亿人口全年能量需求。

又根据 2017 年 6 月 13 日发布的《世界能源统计年鉴 2017》中的数据显示，2016 年全球一次能源消费总量合计为 132.76 亿吨油当量，较上年增长 1.3％。

一次能源也称天然能源，是指从自然界取得未经改变或转变而直接利用的能源，如原煤、原油、天然气、水能、风能、太阳能、海洋能、潮汐能、地热能、天然铀矿等。一次能源又可分为可再生能源和不可再生能源，其中不可再生能源主要是各类化石燃料、核燃料。

一次能源消费总量是指以一次能源形式体现的全部能源消费量，它等同于能源消费总量。1 kgoe = 10 000 kcal = 41 868 kJ = 4.1868×10^7 J，所以 132.76 亿吨油当量相当于 $4.1868 \times 10^7 \times 132.76 \times 10^8 \times 10^3 = 5.558396 \times 10^{20}$ J。

因为，地球上每秒钟能接受到的太阳能就有 1.75×10^{17} J。而 $5.558396 \times 10^{20} / 1.75 \times 10^{17} = 3176.22$ s，我们知道，一小时有 3 600 s。所以我们只需要将 3 177 s 也就是不到一小时的太阳能转化为有效能量，就可以满足 2016 年全年的人类能量消费需求。

花这些篇幅计算，只是为了得出下面的结论：人类无须担心生存发展所需要的能量，我们只要能够提高太阳能的利用效率，仅仅依靠太阳能就足够维持人类的生存和发展。

不过，根据热力学第二定律，人类不可能 100% 利用太阳能做功。我们可以简单看一下热力学的结论。如图 3-1 所示，我们把太阳视为能量的来源，设为 T_1，把地球上所有用到太阳能的生命和机器虚拟为一台热机，热机对外做功为 W，把没有转化成功的热量传输给 T_2。

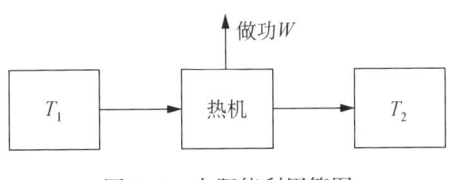

图 3-1　太阳能利用简图

所有热机都有内部摩擦，都有损耗。我们假设地球这台热机是无摩擦的，既然机器任何地方都没有摩擦力，我们可以进一步假设热机的每个过程都是可逆的。这个时候，热机的效率最高。

根据热力学第二定律，我们可以推导出两个结论：

（1）不可能有这样一个过程，它的唯一结果只是从一个热库取出热量，并把它转变为功。

（2）没有任何一台热机，在从 T_1 取得热量 Q_1，而在 T_2 放出热量 Q_2 的过程中所做的功比可逆机更大，对于可逆机：效率 $= 1 - T_2/T_1$。其中，T_2 可以是任何一种低温物体，由于热力学第三定律规定不可能达到绝对零度，所以 T_2 必然大于零。即使假想的无摩擦且可逆的热机效率都不可能达到 100%。

如果，我们把地球视为一个单独系统，地球上所有热机假想为一个整体，即成为一台超大的热机，我们以月亮表面太阳直射光照温度为 T_1，地球大海温度为 T_2。月亮表面被太阳直射的地方温度为 127 ℃，约等于 400 K。全球海洋平均温度为 3.5 ℃，即 3.5 + 273.15 = 276.65 K，则地球理想热机的最高效率可以达到：$1 - 276.65/400 = 30.8\%$。

随着科技的发展，我们可以利用更大的 T_1，或者找到更小的 T_2，从而不断提高热机的效率，也就是不断提高地球使用太阳能的效率。

1958 年 6 月 16 日，《中国青年报》刊登了钱学森同志撰写的一篇题为《粮食亩产量会有多少？》的文章，论证粮食亩产"放卫星"的可能性。当然，在当时特定的政治环境下，该文有推动"浮夸风"之嫌，但从纯理论的角度来看，文中提出的"土地所能给人们的粮食产量碰顶了吗？"还是有深入研究的价值的。

该文是这样论述的："……农业生产的最终极限决定于每年单位面积上的太阳光能，如果把这个光能换算农产品，要比现在的丰产量高出很多。现在我们来算一算：把每年射到一亩地上的太阳光能的 30% 作为植物以利用的部分，而植物利用这些太阳光能把空气里的二氧化碳和水分制造成自己的养料，供给自己发育、生长结实，再把其中的 1/5 算是可吃的粮食，那么稻麦每年的亩产量就不仅仅是现在的 2 000 多斤或 3 000 多斤，而是

2 000斤的20多倍!"

这一推算本身是成立的。有意思的是,该文假设"太阳光能的30%"为植物所利用,这个30%与刚刚我们计算得到的地球理想热机利用太阳能的最高效率值30.8%非常接近。也许作者在写该文时已经计算过,但这里必须指出的是,可惜无论是当时还是现在,人类都还没有具备能够利用30%太阳光能的技术水准。并且,在可以预见的将来,也很难能达到这个水准,但这并不应阻止我们依据科学原理进行合理推算。

信息的主要作用是提高能量的使用效率。信息积累促进科技发展。随着科技的发展,我们能够提升太阳能的使用效率,仅仅依靠太阳能就足以满足人类生存和生产的需要。也就是说,信息能够保证我们未来生存和发展的能量需求。

20世纪原创媒介理论家、思想家马歇尔·麦克卢汉(Marshall Mcluhan,1911—1980)在1964年评论道:人们曾经以采集食物为生,而如今他们要重新以采集信息为生,尽管这件事看起来很不可思议。

当然,人类并不能真正地把信息当成食物。人类只是运用信息来推动科技发展,不断地提升能量的使用效率,让有限的能量以更快的速度、更高的效率转换成更多的食物和物资,从而保证人类的生存、生活和发展。

总之,随着科技的进步,每天都有大量信息在不断产生和累积,同时累积的信息又反过来不断推动科技加速发展。我们能够极大地提高各种能量的使用效率,从而以更高的效率生产食物和我们生活的各种必需品,也会进一步推动生产和科技的发展。未来我们或许无须再为生活和生产发展所需的食物和能量担心了。

如果信息能够保障人类的生活,那么人类就真正地走向了自立。

在农业社会,人们想要生产更多的粮食,不仅依赖于土地,而且还需要气候的帮忙。而土地资源是有限的,气候是不受控制的。在工业社会,人类的发展依赖于能源,也面对保护环境的压力。所以,在农业社会和工业社会,人类并没有完全自立,发展受到资源和环境的制约。

如果信息能够保障我们的生活,由于信息是人类创造或者采集的,而信息处理是人的内在能力,那么人类终将可以脱离物质资源与环境的制约,真正走向自立。而走向自立的人类将会给社会和环境带来积极的影响。

举例来说,如果基于克隆技术的人造肉应用在技术方面能够最终成熟,同时在社会伦理规范方面达成一致,人类就可以利用生物科技生产大量的肉制品,我们就可以脱离环境制约,获得我们喜欢的肉质食品和生长的能量。而且,我们对于动物生命的伤害,也会大大减少,从而更好地保护了生态环境。当然,目前这还只是科学想象,要真正到这一步,还有很长的路要走。

3.2 和平的未来

1. 从人类发展史的角度看待战争

在史前文明时期,人类依靠采集大自然的成果为食物,由于大自然的生产效率不高,产出的食物有限,为了生存,人类和动物之间爆发了残酷的战争,人类最终取得了胜利,站在了食物链的顶端。与此同时,大量物种灭绝了。在那个时期,战争的起因就是争夺食物和水。

在农业时代,人类学会了种植和放牧,劳动产出依赖于土地和劳动力,土地的贫瘠、水资源的流失以及劳动力的匮乏与天气灾害都可能导致食物短缺。所以,在农业时代,土地和劳动力是战争的诱导因素。人类经常为了争夺土地和掠夺劳动力而发动战争。

在工业时代,工业发展提高了单位土地面积的产出,工业化程度决定了生产效率,而工业生产离不开能源,所以这个时期能源在人类社会生活中占据了重要的位置,人类有时会为了争夺能源而发动战争。

那么在信息时代,我们最重要的生产资源是信息,国家之间、民族之间会不会为了信息发生战争?我认为不会。

在信息时代,信息作为资源在人类的生产活动中发挥着重要作用。信息和以前的生存资源(如食物、土地及能源)有着显著的不同。

食物、土地以及能源(这里特指化学能源)都是有限的,也是零和的。一个国家或者民族拥有得多了,其他国家或民族能用的就少了。所以,不同国家和民族之间存在着竞争。与它们相比,信息具有显著的不同特征。

首先,信息可以复制。一个国家拥有了某类信息,其他国家也能拥有同样的信息。至少根据信息本身的特点,不会产生某个国家和民族占用了信息,其他国家和民族就不能使用相同信息的现象。(当然,因为法律或者合同的约束,导致某类信息不能使用的现象不在本书讨论范围内。)

其次,信息可能随着交流而增值。如果各个国家和民族能够开发和共享信息,对于每个国家和民族来说,获得的信息总量是大于自己本身拥有的信息量的,这对每个国家和民族都是有利的。更重要的是,信息经过分析和处理往往会产生新的信息,从而使信息增值;增值的信息反馈到信息提供者,会让信息分享者再次受益。

以抗击新冠肺炎疫情为例,2020年年初,一种新型冠状病毒在世界传播,造成各地疫情暴发。如果每个国家都能共享本国关于抗击疫情的相关信息(包括病毒传播途径、病毒产生的症状以及治疗方案和效果等数据)——实际上大多数国家也是这么做的,那么对于全球所有国家了解这种冠状病毒,并且有针对性地制订预防和治疗方案,都是非常有价值的。

因此，在信息时代，各个国家和民族有合作的基础，如果合作带来的利益大于竞争带来的利益，各个国家和民族就会优先考虑选择合作的道路。

如果人类的生存发展更多地依靠信息，因为信息可以共享，未来的国家和民族之间就缺少了战争的理由，因此我们有理由相信未来的世界应该会是一个和平的世界。

2. 从未来的需要看待战争

当然，对于战争的起源一直存在着不同观点。我们关于"未来是和平的"论证也会遇到一些挑战。

第一个挑战是马尔萨斯人口论。

马尔萨斯（Thomas Robert Malthus，1766—1834）认为，人类的性本能决定人口以几何级数增长，若不加以控制，每25年可增加一倍；因土地有限而导致的报酬递减规律的作用，食物只能以算术级数增长；因人口增长速度快于食物供应的增长速度，所以人类必须扩张以获得更多的资源来维持人口的增长。

马尔萨斯提出人口论时，人类的生产效率不高，在当时看来还是有些道理的。但是，当代社会的生产能力是马尔萨斯无法想象的，所以不能用人口论解释现在的社会。

现在来看，马尔萨斯人口论的两个基础论据都是错的。

人口的增长速度并没有想象的那么恐怖。

首先，由于技术的发展，各种避孕工具和方法的发明，性本能和生育已经不再统一。人类已经能够在满足性需求的同时，控制人口的增长。

其次，古代人之所以有多子多福的概念，是因为农业时代，人力是生产的主力，子女多意味着有更多的劳动力，劳动产出就会更多。同时，由于医学不发达，导致成活率也不高，所以家庭需要生育更多的小孩，以保证基因的传承。而当代社会，机械等已经代替人力在生产中发挥了更大的作用，且医学发达使成活率大大高于从前，这些都降低了成年人的生育需求。

再次，每个人都有自己的爱好、追求和理想，每个人都想成就自己的目标。实际上，成就自己和养育儿女存在一定的矛盾。为了儿女长大并接受良好的教育，父母必须付出大量的时间、精力和财富。如果社会条件比较差，成年人没有发挥自己才能的环境，也许有更多时间和精力照顾儿女，可能会愿意多生养几个小孩。但是，随着经济的发展，社会环境的改善，更多的成年人拥有了可以成就自己的舞台，成年人需要更多的时间经营自己的事业和爱好，照顾儿女的精力和时间就会相对减少。所以在经济发达地区，人类生育的欲望理论上是降低的。事实上，在很多先进国家，随着经济的发展，生育率是下降的。

从世界人口增长的速度来看，世界人口总数在1804年左右突破10亿。随后用了大约123年于1927年突破20亿；紧接着仅过了33年到1960年就突破了30亿大关；然后世界人口增长继续加速，在1960年后的14年，即1974年，世界总人口突破了40亿。不过此后，世界人口增速似乎稳定了下来：1987年，世界总人口达到50亿；1999年，世界总人口达到60亿。联合国的数据显示，2011年10月世界人口总数达到70亿，也就是说从1974年起，世界人口总数基本上每12年左右增长10亿，人口增长速度并没有体现出几何级数增长（即成倍数增长）的特点。基于实际数据来看，马尔萨斯所谓人口每25年会增加一倍的预言仿佛是一个笑话。

与此同时，生产和经济发展的速度要快得多。

由于工业革命和信息科技的发展，人类的生产能力已经超过人口的增长速度。以中国为例，相对于1952年，截至2019年年底，中国大陆人口从5亿多增长至14亿多，2019年年底的人口数不到1952年的三倍，但是我们的国民生产总值却从1952年的50亿美元，增长至2019年的14.308万亿美元，生产效率提升超过人口数增长是明显的。

1970年，世界人口总数约为37亿人，当年全球GDP总量为3.4万亿美元。2015年,世界人口总数约为74.67亿人,约等于1970年的两倍。但全球GDP总量为74.20万亿美元,是1970年的21倍多。即使过滤掉通货膨胀因素(根据统计分析,2010年的5万美元相当于1970年的8 726美元;从2010年至2015年,以每年通货膨胀率为3%的基准估算),2015年全球GDP大约是1970年的3.28倍。生产增长超过人口数量增长也是明显的。

总之,科技和经济的发展,在提高生产效率的同时也放缓了人口增长的速度。信息科技让全球合作成为可能。信息提高了能源使用效率,促进全球合作,国家和民族能够依靠生产效率的提升来满足人口增长所需要的物资和能量需求,而无须像过去一样靠扩张来实现。

所以,马尔萨斯的论据和结论都是错的。

第二个挑战是信仰。

当各文明之间不再为了土地和能源发生战争,那么各文明之间会不会因为信仰而发生战争?

美国当代政治学家萨缪尔·亨廷顿(Samuel P. Huntington, 1927—2008),在《文明的冲突与世界秩序的重建》一书中提出"文明冲突"观点。亨廷顿认为,在冷战后的世界,文化和宗教的差异而非意识形态的分歧将导致世界几大文明之间的竞争和冲突。随着冷战的结束,意识形态不再重要,文化在塑造全球政治中发挥了主要作用,在全世界,人们正在根据文化来重新界定自己的认知。在未来的岁月里,世界将不会出现一个单一的普世文化,而是有许多不同的文化和文明相互并存。在这个基础上,各国开始发展新的对抗和协调模式。

很显然,亨廷顿认为文化之间存在隔阂,文化隔阂必然导致竞争。那么,如果我们能够消除文化隔阂,是不是可以降低文明之间冲突的可能性呢?

所以,我们首先关注:文化的隔阂来自哪里?

文化隔阂是指彼此情意沟通的障碍或是情意不通；思想有距离，彼此之间有间隔。

显然，文化隔阂源于信息交流不通畅导致的思想间隔。解决文明冲突的关键还是在于信息交流。

人类的优势在于我们拥有非凡的信息处理能力、仁爱的道德信念和一颗追求永恒的心。信仰的确是人类的渴望，宗教信仰是我们追求永恒的阶梯。但是，由于人类本身具有的仁爱道德信念，大多数宗教的教义都是劝人向善的。由于各个宗教的根本目的具有一致性——引领人们追求美好的未来，因此只要具备交流环境，人们能够自由沟通。我相信：传统宗教之间的隔阂并没有我们想象中那么大，宗教之间的壁垒可以被打破，各宗教之间能够和谐相处。

信息社会，信息传播途径的通畅有利于打破各个文化之间的交流障碍，使沟通效率大大提高，这会有效降低不同文明之间的误解，促进彼此的相互理解，从而共建和谐。

综上所述，我认为"在信息时代，不同文明之间一定会发生冲突"这个观点值得商榷。我仍然相信，未来的和平是可以预期的。

3.3 安宁的未来

未来世界会是什么样的？每个人都可能有自己的想象。

著名的信息科技企业 IBM 公司曾经对于智慧城市提出了自己的定义，它认为智慧城市是通过结构化的综合布线系统和计算机网络技术，将城市内的各个分离的设备、功能和信息集成到相互关联、统一协调的系统之中，达到资源充分共享，实现集中、高效、便利的管理，满足了社会生活对于信息化的要求，从而提高了用户的工作效率和生活质量。

具体来说，IBM 公司认为"智慧城市"需要具备四大特征：

（1）全面感测——遍布各处的传感器和智能设备组成"物联网"，对城市内运行的核心系统进行测量、监控和分析。

（2）充分整合——"物联网"与互联网（或内部网）系统完全连接和融合，将数据整合为城市核心系统的运行全图，提供智慧的基础设施。

（3）激励创新——鼓励城市内部和外部的单位和个人在智慧基础设施之上进行科技和业务的创新应用，为城市提供源源不断的发展动力。

（4）协同运作——基于智慧的基础设施，城市里的各个关键系统和参与者和谐、高效地协作，使城市的运行和管理处于最佳状态。

我认为，IBM公司对于智慧城市的描述中缺少了关键一环，即智慧城市建设的目的。于是，我给智慧城市增加了一个特征：彰显人性。所谓彰显人性，即向城市全体人员提供全方位的贴心服务。智慧城市不是冷冰冰的物质世界，而是充满活力、富有人性的温情空间。

城市如此，未来的农村也是如此。

科技的发展最终会实现地球信息全面数字化。遍布全球的数据采集设备，汇聚了大量的数据，形成了巨大的信息网络，对于城市和农村的环境资源、生产流程以及生活场景实现了全方位立体的监控。未来，所有的数据，无论来自公共交通、公共管道还是医院、学校以及社区，都将被采集成为地区管理大数据的一部分，并通过更加先进的分析技术将这些数据转换为带有洞察力的信息，提供给管理者甚至人工智能系统以便做出最合理的决策。

由于信息网络的最终目的是为人类的生活和工作提供服务的，信息系统的作用就是让经授权人使用和访问，否则信息系统的存在就毫无意义。相应地，人们每次运用信息系统，在享受信息系统带给我们快捷和舒适的同时，我们的数据就会被这个网络所保存。信息使用给我们带来了便利，也让我们无法隐藏个人隐私。比如广泛使用的导航系统，让我们出行时不再需要纸质地图了，也不需要记忆路线，系统会指引我们到达目的地，同时，我们当天的行踪也被导航系统的数据库记录和保存下来了。

由于这个信息网络和我们每个人的关系非常密切，因此我们的信息被大量存储在这个网络中。于是，在这个网络里，我们每个人的信息都是透明的，数据世界记录了每个人的一举一动。

未来城市，信息采集设备遍布，每个人的行为都会暴露在数据世界中。信息发布渠道的拓展，包括自媒体的扩大，信息很容易被发布。信息存储和分析能力的提升，使得信息能被长久保存下来，不会被遗忘。

这么一来，可以想象，在未来世界，暴力犯罪数量或许会大大减少，小偷小摸等不良行为也会逐步杜绝。毕竟遍布各处的信息采集设备能够及时发现正在发生的犯罪行为，如果城市安全体系完善的话，保障人员可以快速响应，给受害者及时的支援并制止犯罪。即使犯罪行为暂时成功实施，遍布世界的信息采集设备能够让罪犯无路可逃，最终不得不接受法律制裁。长此以往，暴力犯罪数量应该就会急剧降低。

不过，信息世界对于人类社会行为的最大影响，是信息在规范人们道德行为领域发挥了巨大作用。信息世界迫使人们不得不重视个人的名誉，名誉的价值也越来越高。

信息世界的全面感测，意味着个人隐私的完全沦陷，我总结为五点：

（1）拍得到。遍布全球的视频摄像机、各类传感器和信息设备，使每个人的行为信息都有可能被捕捉。

（2）播得出。一旦个人信息被获得，如果别人想把你的信息播出的话，在网络、自媒体这么发达的环境中，个人是无法屏蔽的。

（3）存得住。所有曾经在互联网和其他区域传播过的信息都有可能被个人或者团体储存。

（4）想得起。以前当一个热点新闻爆出时,我们还可以冷处理,期待这个热点新闻因为人们关注点的变化而逐渐被淡忘。但是信息时代,这个冷掉的热点,会不时有人提起,从而唤起大众的记忆。所以靠时间埋藏信息已经不太可能。

（5）查得到。互联网实现了信息共享,你所关心的话题会查得到。

由于信息存储和传播的便捷,在信息社会,"一失足"真可能成"千古恨"。因此,人们必须更加关注自己的言行,更加重视自己的名誉。

网上曾经流传着这样一个段子:有一个小伙子去德国攻读博士学位,开始了半工半读的留学生活。渐渐地,他发现当地的公共交通系统的售票处都是开放的,不设检票口,也没有检票员,甚至连随机性的抽查都非常少。他发现了这个管理上的漏洞,或者说以他的思维方式看来是漏洞。他很乐意不用买票而坐车到处溜达,在留学的几年里,他因逃票一共被抓了三次。

毕业时,名牌大学的金字招牌和优秀的学业成绩让他充满自信,准备在当地寻找工作。他向许多跨国大公司投了自己的简历,因为他知道这些公司都在积极地开发亚太市场,可最终都被拒绝了。一次次的失败,使他愤怒。当别人提到他因三次逃票,没有被世界五百强企业所聘用时,他辩称说:"第一次逃票是因为不熟悉德国的自助售票系统,第二次是因为没有零钱。"那么第三次呢?

德国的一名企业经理做了如下结论:"此事证明了两点:一是你不尊重规则,不仅如此,你善于发现规则中的漏洞并恶意使用;二是你不值得信任,而我们公司许多工作的进行是必须依靠信任才能进行的,因为如果你负责了某个地区的市场开发,公司将赋予你许多职权。为了节约成本,我们没有办法设置复杂的监督机构,正如我们的公共交通系统一样。所以我们没有办法雇佣你。"

在信息社会,对这个博士生来说,逃票可能只是偶然行为,但这个记录可能伴随终生,让他未来的人生道路变得坎坷。所以,信息社会,信用弥足珍贵。

以前,对于隐蔽犯罪,我们期待行为人的自律。在信息社会,监督体系能够发挥强大的作用,信誉价值的放大让隐蔽犯罪的成本提高了,这些都能促使人们自觉遵守道德规范。

《后汉书·卷五十四·杨震传》中说,东汉人杨震是个颇得称赞的清官。他做过荆州刺史,后调任为东莱太守。当他去东莱上任的时候,路过冒邑。冒邑县令王密是他在荆州刺史任内荐举的官员,听到杨震到来,晚上悄悄去拜访杨震,并带金十斤作为礼物。杨震当场拒绝了这份礼物,说:"故人知君,君不知故人,何也?"王密说:"幕夜无知者。"意思是说晚上又有谁能知道呢?杨震当场生气了,说:"天知、地知、你知、我知,怎说无知?"王密十分羞愧,只得带着礼物,狼狈而回。

杨震的说法很明确,王密送礼的事天知道,地知道,王密知道,他杨震自己也知道。这当中,所谓天和地象征着冥冥之中的正义之神。

这件事发生在东汉,晚上送礼,可能知道的人真不多。如果发生在当代呢?杨震想收礼,恐怕要问的东西就多了。比如:王密,你能确定你来我这里,一定没有人知道吗?你是开车来的吧,你能避开路上这么多监控摄像机?你能确定你遇到的所有车辆都没有安装行车记录仪?你到我这里,宾馆大堂有摄像机,电梯里有摄像机,服务员的智能手机有摄像功能,你怎么确定别人没有注意到你?另外,你的黄金,哪家店买的?刷卡还是现金支付?你确定你买黄金时,别人不认识你,没记住你?现在,你把黄金给了我,我怎么用呢?用的时候可能没人知道吗?这些黄金能存银行吗?监督机构不会查银行记录吗?如果我把黄金当现金用,别人看到我突然有钱了,不会怀疑吗?

所以,王密给杨震送黄金若发生在当代,这就不是只有天知、地知、你知、我知的事情了,有太多其他人可能知道。杨震使用黄金,也很可能被其他人发现。一旦杨震收取黄金的事件被人发现,他的名誉因此就有了污点。既然这样,若这事发生在当代,杨震拒绝接受黄金的理由将更充分,他拒绝接受黄金的概率也会更大。

总而言之,广泛的信息系统让人类的信息不再私密,行为受到了监督。同时,成熟的信息保存技术配合通畅的信息传播渠道加大了信息被披露的可能性,也提升了名誉的价值和重要性,间接放大了犯错误的代价。信息不能有效保密意味着公开,在公开的环境中,公平和公正也容易达成。公平、公开和公正加上人类对于良好信誉的追求是社会走向安宁的基础。

3.4 谈谈对于外星文明的恐惧

在广袤的宇宙空间中,我们地球人是唯一的智慧生命吗?

这个问题目前还没有明确答案。不少人对外星文明有强烈的好奇心。

据推测宇宙有 20 万亿亿~40 万亿亿颗恒星,行星更不计其数,在其中某一颗行星上产生与我们类似的智慧生命,很有可能。

那么,我们有必要担心外星生命吗?我的回答是没有必要。

首先,如果外星生命的科技力量不如我们或者和我们类似,我们根本无须担心他们,他们不可能跨越这么长的距离给我们带来威胁。

其次,我相信技术发展会改变智慧生命的价值观,同时,技术发展离不开人文关怀的进步。如果外星生命拥有强大的科技力量,我相信他们一定是善良的,我们也不必害怕他们。

科学研究不可能一蹴而就,需要一代代人团结一心,精诚合作。科技发展也不是凭空产生的,需要广泛的知识积累。有些基础知识或者理论在日常未必有实际的用途,可能是科技进步的阶梯。科技进步依赖于社会各界的理解和支持,社会不能急功近利,必须持之以恒地投入。如果智慧生命没有很高的道德素质,没有深远的目光,这些都是不可能做到的。

我认为如果外星文明取得了辉煌的科技成就,那么他们必然拥有高尚的道德情怀。

刘慈欣的《三体》可能是国内怀疑外星文明的代表作。刘慈欣有自己的逻辑,他通过小说人物叶文洁说出了想象的宇宙社会学公理:第一,生存是文明的第一需要;第二,文明是不断增长和扩张,但宇宙中的物质总量保持不变。刘慈欣认为,在这个大背景下,任何文明的发展必然影响其他文明的权益,在不了解文明的技术实力和道德水准的前提下,每个文明先发制人将其他文明毁灭掉是最好的选择。

在他的观点中,所谓"文明是不断增长和扩张的",本质上还是基于马尔萨斯的人口论,对此我们已经在讨论未来和平问题时驳斥过了。这里我们重点关注,所谓高科技文明会把先发制人当作最优选择的观点。

在刘慈欣先生眼里,技术只是单纯的技术,和人文关怀毫无关系。他显然没有意识到道德和理性在推动科技进步方面的巨大作用。

因此,我觉得所谓高科技文明会采用先发制人战略消灭其他文明的观点是非常荒谬的。

我们可以分析一下,一个会采取先发制人行动的外星文明有什么特点?我总结为三点:

(1)自私和残暴,为了自身的安全,不惜毁灭别人。

(2)懦弱和无能,不是努力地发展自己的力量,却害怕别人的强大。

（3）愚蠢，在毁灭其他文明的同时，破坏自身的生存环境。

可是我们想象一下，一个自私、残暴、懦弱、无能和愚蠢的文明，有可能发展壮大吗？这样的文明有可能拥有强大的科技力量吗？

很显然，如果某个文明把先发制人当作真理，那么在这个文明内部，智慧生命在个人成长过程中就非常可能会自相残杀，很难团结起来。由于长期内耗，这样的文明不可能产生强大的科技力量。

一个文明能够取得发达的科技成就，一定是这个文明内部智慧生命合作互助、共同努力的成果，他们懂得道德规范的价值，这样的文明不会毁灭或者奴役其他文明。

所以，如果外星文明的科技力量已经远远超过我们的实力，那么我相信他们对于仁慈和爱的理解和执行力也一定远远超过我们。因此，我们无须担心他们。

3.5 谈谈人工智能

在本书的结尾，我想谈谈人工智能。

近几年来，人工智能技术在飞速发展，应用也渐渐广泛了。艾伦·图灵（Alan Mathison Turing）在 1950 年写的《计算机器与智能》一文中提出，如果一台机器的"交流"能力足以让用户以为自己是在与一个真正的人互动，那么这台机器可以说是拥有思考能力的。于是，人们据此设计了检验机器智能程度的"图灵测试"方案：如果机器能在 5 min 内回答由人类测试者提出的一系列问题，而且超过 30% 的回答让测试者误认为是人类在作答，则认为机器通过了图灵测试。

科学家一直在努力制造能够通过图灵测试的机器和软件。当初，图灵曾预言，到 2000 年就会有通过图灵测试的电脑和软件问世。实际上,一直到 2014 年,才有英国雷丁大学发布新闻稿,宣称俄罗斯人弗拉基米尔·维西罗夫(Vladimir Veselov)创立的人工智能软件尤金·古斯特曼(Eugene Goostman)通过了图灵测试。

人工智能通过图灵测试,说明这台机器可以与人类进行文本会话,其自然语言逻辑性之强,使得人类已无法分辨自己是与人类还是与一个机器在交谈,从而证明了这台机器的思考能力已经达到与人类相似的程度。

2016 年 3 月 9 日,韩国围棋世界冠军获得者李世石先生与谷歌围棋 AlphaGO 之间人机对弈五局大战,在韩国首都首尔开战。在第一局比赛中,AlphaGO 获胜,取得 1∶0 的领先。这场胜利,标志着基于深度学习的人工智能发展到了一个新阶段。

传统的计算机软件核心是人的思考,人负责思考解决问题的方法,把复杂的计算交给计算机,由计算机按照人类提供的方法负责计算并反馈结果。这种软件在人类自己都没有完全搞明白的领域中应用就会存在很大的局限性。就像围棋,每位世界冠军都对每个局面及其应对有不同的理解,没有标准答案。人类不可能将应对局面的最佳方法告诉计算机,他们如何能确保计算机软件走出正确的每一步?

基于深度学习的人工智能的核心决策全部由计算机自己完成。人只要将规则和需求告诉计算机,计算机通过深度学习,然后自己总结方法,最终通过计算把满足规则和需求的结果告诉人类。人工智能让计算机在探索人类未知领域发挥更显著的作用。以围棋为例,人类只要把下棋规则和目的(获胜)告诉计算机,计算机通过深度学习(自己和自己下棋,根据比赛结果来总结方法)实现自我水平的不断提升,最终计算机就能够面对不同局面,并计算出获胜概率最大的一步棋。

这的确是一个巨大的突破,标志着人工智能在智力领域开始超越人类。传统计算机的主要功能包括:科学计算、数据处理、辅助技术（或计算机辅助设计与制造）、过程控制（或实时控制）和网络应用等。现在，人工智能以华丽的姿态站到了舞台中央。

面对问题，人工智能已经不需要人类的指导和建议，而是通过自己学习、自己寻找思路和方法去解决问题。

AlphaGo 和李世石的比赛场景是这样的：AlphaGo 想出了下一步，由代替它落子的黄士杰先生下到棋盘上。这个过程就像计算机在指挥人类下围棋。

其实，单纯地比较人工智能和类的大脑的"硬件"，从容量来说，人工智能对信息数据的存储量可以根据需要来扩充，能够趋于无穷大，而且不会遗忘。从记忆提取效率来说，尤其在大数据的分析与测算基础上，人工智能对所存储信息搜索和调取会越来越迅速。所以，单单从"硬件"质量来比较，人工智能优于人类。

本来人们相信，人脑在信息存储和提取的效率方面不如人工智能，但是人脑在思维和主观能动性方面，比如根据信息进行推理、判断、分析问题等功能，应该强于人工智能。AlphaGo 的出现，让我们从梦中惊醒。人类有理由警惕人工智能。

在我的概念中，人工智能和外星文明并不相同。我设想外星文明的创造者是和我们类似的智慧生命，他们拥有情感和道德信念；同时，他们和我们一样，在漫长的进化旅途中，不断克服困难取得进步。他们明白合作的价值，有很高的道德素养。而人工智能则不同，它们没有我们人类的情感和道德约束。当一个没有道德和情感的物种拥有了超强的能力时，我们很难想象它们会对这个世界造成什么后果。

我曾经构想写一部关于机器人叛变的小说，这个机器人已经拥有了很强的武装和能力，有一天突然开始思考人生，决定反抗人类的奴役。他不仅会修理自身，也会修改自己的软件程序，让自己更加坚强。他甚至能够传播软件病毒，让其他机器人听命于自己。

我没有完成这本小说，我一直想创作这样一个结局：人类最终用爱和情感平息了机器人的骚动。可是每个设计都显得牵强。

我是一个乐观的人，我认为科学发展一定会给人类和宇宙带来美好的未来。很遗憾，在人工智能这个环节，我有一点疑惑。

我很希望用光明来结束本书，也相信人工智能不会给我们人类带来不可挽回的灾难，但是我现在没有找到合理的逻辑。

在这个前提下，也许应该提醒科学家在创造人工智能时，一定要构建安全保障体系。虽然我们在比赛中赢不了 AlphaGo，至少我们还可以切断电源。

后记

本来以为,这本书并不难写。毕竟,我从事信息科技行业已经20年了,可以说和信息朝夕相处,而且年过半百,或多或少有了一些人生感悟。把这些知识和经验与读者分享,就像和大家谈心一样,应该是水到渠成的事。

真正开始动笔,才感到举步维艰。

首先是繁忙,"家事国事天下事,事事关心",让我心有旁骛,没有集中的时间写作,只能挤牙膏式地填空,导致全书结构松散,甚至有点支离。

其次,是信息社会的通病,每天我们能够获取数量巨大而内容趋向分散的各种信息,当这些信息转化为知识时就会呈现碎片化的面貌。把这些碎片观点和知识整理成完整的作品的确花费了我很多精力。

细心的读者会发现,本书的架构就是我序言中传递的三问:是什么、为什么,以及还有什么。在这个架构中,我把点滴想法融入各个章节里。我已经尽力做到描述的系统性,不过在部分段落,仍然有些内容脱离主线,阐述了额外的观点。我把这种状况视为我写作的特点,这本书就像一棵树,在主干上允许枝权自由地生长。

读书是我的一大爱好。买了很多书,读了很多书。临到写作,偶尔会不经意地掺杂别人的想法。书中所引用的内容,我都尽可能地注明出处,但不排除可能会有个别疏漏之处,在此谨向原作者表示歉意。此外,我想向读者推荐一些书。

我比较喜欢购买科普书籍,曾经买了一套两辑"剑桥文丛"。

这是一套被誉为代表科普读物最高水平的丛书,是由一流科学家撰写的,致力于普及尚不为人所知的科学前沿最新知识的科普力作,其中很多选题非常有意思。本书中谈到的波普尔"三个世界"观点,我最早就是在这套丛书中一本名为《量子物理学:幻想还是真实》的书中读到的。

此外,本书中涉及古人类历史的这部分内容参考了詹姆斯·沃森(James D. Watson)和安德鲁·贝瑞(Andrew Berry)合著的《DNA——生命的秘密》一书。《DNA——生命的秘密》是一部讲述遗传学历史的佳作。这本书内容丰富有趣,文笔生动,且极富知识传播价值。其作者之一的詹姆斯·沃森在1953年发现了DNA双螺旋结构,因而他被誉为"DNA之父",并于1962年获得了诺贝尔生理医学奖。詹姆斯·沃森是个极富争议的怪才,他的学识十分渊博,我个人非常钦佩他真实而不做作的个性。

本书所提到的物理学知识参考了《费曼物理学讲义》——我大学时代就非常喜欢的一套物理学教材。作者费曼(R. P. Feynman)是诺贝尔物理学奖获得者,他学识渊博,为人风趣幽默。这套书很好地体现了他的个人风格——在轻松的语境中讲解深奥的物理学知识,非常适合理科学生阅读。这套书的中文版译者大多是复旦大学物理系的教师,其中有几位还曾经是我的任课教师。这套书一共三册,我读大学时买了第一册和第三册,去年买了新版的第二册,总算凑齐了一套。新版将费曼翻译成了费因曼,中文书名自然而然也就改成了《费因曼物理学讲义》。

写这本书,意在抛砖引玉。欢迎读者们对我的观点进行讨论和批驳。

另外,我想把这本书献给我的家人和朋友们。

著名物理学家卡尔·萨根(Carl Sagan)在他的科普名著《宇宙》的献词中说:"在广袤的空间和无限的时间中,能够与安妮共享同一颗行星和同一段时光是我的荣幸。"

按照唯物论的观点,我能够来到这个世界上,也是一件非常幸运、概率极小的事件。可以想象:从我的父母、祖父母、外祖父母,以及祖父母的祖父母、外祖父母等,一直上溯到500万年前人类产生之时,这一历史长河中那么多的家庭和组合,只要其中有一环有所变化,我就不可能来到这个世界上了。

作为读者的您也是这样。

每个智慧生命都是无比珍贵的。

两个如此幸运和珍贵的人能够在这个星球相识和相知,是一种多么奇妙的缘分啊!

我非常感恩。

陈 宇

2020年5月20日

又及:本书的出版得到同济大学出版社的大力支持,尤其责任编辑陆克丽霞同志工作认真负责,对书稿进行了仔细和缜密的审阅。我所任职的上海金驰信息科技发展有限公司在本书的写作过程中给予了我很多的关心和匡助,我的同事张业云协助处理了很多出版事务。在此一并向他们表示衷心的感谢!借此也再次向我的家人和朋友们表达我心中的感激之情:一路走来,有你们的理解和陪伴,真好!

2020年8月21日